AF364213

LA CARTA Y OTROS RELATOS

MILAGROS JIMÉNEZ HIDALGO

LA CARTA Y OTROS RELATOS

EXLIBRIC

ANTEQUERA 2021

MILAGROS JIMÉNEZ HIDALGO

LA CARTA Y OTROS RELATOS

*A mis profesores de Literatura y exalumnos, de los que
aprendí bastante en muchas otras facetas de la vida.*

*Y con mi reconocimiento a varios autores literarios, que con sus
obras me hicieron reír, llorar, sentir, soñar y pensar.*

«Las cartas no son más que un trozo de papel. Aunque se quemen, en el corazón siempre queda lo que tiene que quedar; por más que las guardes, lo que no tiene que quedar desaparece».

Haruki Murakami (1949)

«Porque en la vida de un hombre no solamente ocurren las cosas. (…) Uno también construye lo que le ocurre. Lo construye, lo invoca, no deja escapar lo que le tiene que ocurrir. Así es el hombre. Obra así incluso sabiendo o sintiendo desde el principio, desde el primer instante, que lo que hace es algo fatal. Es como si se mantuviera unido a su destino, como si se llamaran y se crearan mutuamente. No es verdad que la fatalidad llegue ciega a nuestra vida, no. La fatalidad entra por la puerta que nosotros mismos hemos abierto, invitándola a pasar».

Sándor Márai (1900-1989)

«Cuando ante ti se abran muchos caminos y no sepas cuál recorrer, no te metas en uno cualquiera al azar: siéntate y aguarda. Respira con la confiada profundidad con qué respiraste el día en que viniste al mundo, sin permitir que nada te distraiga: aguarda y aguarda más aún. Quédate quieta, en silencio, y escucha a tu corazón. Y cuando te hable, levántate y ve donde él te lleve».

Susana Tamaro (1957)

LA CARTA

1. Miguel

Se sentó en el suelo y apoyó la espalda contra la pared. Por encima quedaba el amplio ventanal de su dormitorio, por el que entraba en toda su plenitud la clara luz de aquel día de primavera. Esperaba la hora del almuerzo y había decidido que era el momento adecuado para plasmar en una cuartilla todo el caudal de sentimientos que le inundaban el alma. «¡Ahora o nunca!», se dijo. «¡Ahora!», decidió con total determinación.

Los dorados rayos del sol se reflejaban en el blanco papel, sobre el que apretaban con fuerza sus núbiles manos. Dibujaban extrañas figuras, que atraían su atención y lo desviaban de su objetivo. Sobre esas imágenes pasó los dedos una y otra vez, simulando delinear las siluetas de las irregulares y sugerentes formas, mientras maduraba el texto que iba a escribir. Sus ojos viajaban fugitivos por todo el habitáculo. Trataba de hallar la inspiración en cualquier recoveco, en cualquier objeto, en cualquier mueble.

Apelaba inconscientemente a las musas, mas ninguna acudía en su ayuda. Cayó en la cuenta de que no había musa alguna que pudiera socorrer a los enamorados en situaciones tan cruciales. Recordó a Calíope, la de la elocuencia. Pero ¿necesitaba él elocuencia? «No», se respondió tajantemente. No era labia precisamente lo que le faltaba. Por tanto, no era ella la que tendría que inspirarlo. ¿Le urgiría, tal vez, el amparo de Erato? Tampoco de ella necesitaba protección. No pretendía escribir un poema. De haber pensado en ello, siempre habría sido más acertado recurrir a su amigo Gustavo[1] (así le gustaba llamar al poeta romántico Bécquer. Lo sentía más cercano, más familiar). Él sí sabía expresar con sencillez y naturalidad el amor y el desamor. Sus *Rimas* eran un nutrido venero donde hallar y extraer algunos versos que estuvieran en conexión con su intenso sentimiento, con ese sentimiento que trataba de trasladarle a su amada.

Podría decirle: «Hoy la he visto, la he visto y me ha mirado. Hoy creo en Dios». Eran socorridos esos versos del sevillano. Eso sí, se vería forzado a cambiar la persona gramatical. La original tercera persona podría provocar suspicacias y terminar fastidiando el asunto. Le gustaba también aquella rima que culminaba con un verso contundente y muy atinado, como el que había escrito hacía ya unos años en el reverso de su cuaderno de Literatura: «¡Poesía eres tú!». Pero no. Quedaba también descartado. Sonaba cursi, demasiado pedante. Y él no era así. Además, se negaba a copiar a nadie por muy buen poeta que fuera. Él sólo pretendía ser auténtico. Abrir en esa carta su corazón siendo fiel a sus sentimientos. Procurar que su voz más íntima impregnara el papel con toda su verdad, con toda la profundidad del amor que lo embargaba. Intentar que ese amor lo traspasara y llegara con esa misma hondura al corazón de su amada.

Había sido incapaz de decírselo de viva voz, y se lo había propuesto muchas veces. Llegó a ensayar lo que le diría y cómo

---

1   *Rimas y leyendas* de Gustavo Adolfo Bécquer, 1871.

se lo diría, incluso delante del espejo. Y no pudo. Cuando se la encontró casualmente el domingo por la tarde, a punto estuvo de hacerlo; sin embargo, al acercarse, una fuerza superior lo enmudeció y sólo pudo farfullar unas breves palabras de saludo. Perdió esa oportunidad. Y ahora se hallaba allí, tratando de recoger en aquella hoja virginal el pulso de sus sentimientos. Y no sabía ni por dónde empezar. Práctica no le faltaba. En la ciudad ejercía de «escribidor», aunque no hubiera ninguna tía Julia que requiriera sus servicios. Su grácil letra de trazos marcados y firmes, y su facilidad para redactar lo habían convertido en el escribano. Eso sí, oficiosamente. Pero era ahora cuando necesitaba de toda su habilidad; sin embargo, sus sentidos parecían haberlo abandonado, dejándolo perdido y desconcentrado.

Un ruido lo sacó de su ensimismamiento. Miró para la puerta y vio una cabecilla rubia de pelo muy rizado, que irrumpió repentinamente en el lugar. Era su hermano pequeño, al que quería mucho. Lo miró sorprendido y no pudo evitar gritarle:

—¿Dónde vas? —le preguntó en un tono agrio y amenazador—. ¿No sabes llamar, Juanito? ¡Que sea la última vez que entras en mi cuarto sin llamar a la puerta!

Apenas acabó de pronunciar estas palabras, se sintió arrepentido. El niño empezó a hacer pucheros, y con los ojos llenos de asombro sólo acertó a articular entre gimoteos:

—Yo, yo… sólo venía a por mi trompo.

Comprendió que se había excedido, ya que al fin y al cabo el chiquillo no era culpable de nada. Su propia incapacidad para solventar sus problemas amorosos y su extremada inquietud habían provocado una salida de tono impropia de él. Así que se levantó, dejó los trastos de escribir sobre la cama y se dirigió hacia el pequeño intruso.

—Perdona, Juanito. Iba a escribir una redacción y, como no lo consigo, me he puesto nervioso y lo he pagado contigo. Dame la mano, campeón, que vamos a buscar tu trompo.

El niño le sonrió, lo agarró fuertemente de la mano y lo llevó al lugar donde solía guardarlo. El hermano mayor le acarició la cabeza al tiempo que se lo entregaba. Con el trompo en la mano, el pequeño se marchó contento. Cuando estaba a punto de franquear la puerta, volvió su cara inocente y dijo muy bajito:

—Hermano, la próxima vez llamaré para no asustarte y así no te enfadarás, ¿verdad?

No le contestó, sólo lo miró con los ojos cargados de ternura y le sonrió. Volvió a sentarse. Escribiría ya lo que fuera. Y lo que fuera sería la verdad. Dejaría que el corazón lo guiara. Y sabía que su corazón no iba a mentir. En él se albergaba mucho amor hacia aquella joven. Desde pequeña ya había empezado a cautivarlo. Le gustaba verla en el parque, entregada a sus juegos. Le gustaba verla corretear las calles del barrio. Le gustaba verla en cualquier lugar y en todos los momentos. Tenía algo aquella chica que atraía su atención. No era como las demás. Destacaba entre todas: las había más guapas, más altas, más atractivas, pero a él le sobraban todas. Era la única y el foco de su atención. No tenía ojos nada más que para aquella pequeña de cuerpo ligero, ondulada melena y ojos profundos y serenos. Esa mirada tierna y desafiante que lo arrastraba hacia ella como un imán y que le hacía perder la razón cuando, ya adolescentes, se encontraron compartiendo curso y aula. Fue entonces cuando lo enamoró. Su determinación, la claridad de sus ideas, su personalidad, su rebeldía, la pasión con que emprendía cualquier empresa por muy trivial que fuera. Todo. La amaba y sabía que ese amor sería eterno.

Su natural timidez se acrecentaba cuando la tenía cerca. Jamás le confesó a nadie, ni siquiera a sus amigos más cercanos, el amor tan grande que le inspiraba aquella muchacha. Era excesivamente celoso de su intimidad. Se limitaba a mirarla cuando ella salía al encerado, o cuando le preguntaban en clase. Entonces aprovechaba la ocasión para recrearse en su contemplación. Muchas veces sus ojos se encontraron y él quiso apreciar en su fondo el mismo amor. «¿Será cierto o un espejismo propio de mi enajenación amorosa?», se preguntaba con frecuencia. Dudaba. Unos días pensaba que sí y otros días que no, sobre todo cuando se la encontraba hablando con algún compañero. Entonces se desmoralizaba. Jamás sintió la tentación de recurrir a la tópica margarita. Ya se bastaba él mismo para desorientarse. Pero tomó la determinación de comunicarle sus anhelos. No podía contenerse más.

Ese curso terminarían el Bachillerato y cada uno emprendería un nuevo camino. Debía confesarle su amor, porque era la mujer de su vida y no podía perderla. La ocasión había llegado. Tenía que escribir la carta y por la tarde entregársela. A las seis compartían la clase de idioma y era el momento idóneo para pasarle la misiva. Si no la tenía lista para esa hora, tendría que esperar otra semana y su impaciencia no se lo iba a permitir. No podía demorarse más. Las vacaciones estaban cerca y, una vez finalizado el curso, contaría con menos oportunidades para verla y para encontrarla a solas. O incluso para hallar cerca algún objeto suyo donde dejarle una nota. Hoy podría dársela en mano si se armaba de valor. Si no, la dejaría en su cartera o en alguno de sus libros, siempre que aprovechara un instante de despiste de los demás compañeros. Pero antes había que escribirla. Y ese era su momento.

Faltaba ya poco para el almuerzo. Tenía que darse prisa y aprovechar la coyuntura. Pero ¿qué podría decirle a aquella maravillosa chica para que comprendiera que era el amor de su vida? ¿En qué frase podría concentrar toda la fuerza y la intensidad de sus sentimientos? ¿Cómo podría transferirles a las palabras la pasión que ella le despertaba? ¿Cómo encontrar los términos justos para que supiera que su amor era infinito?

Se dobló hacia delante totalmente decidido a culminar su obra y dejó volar su corazón. Brotaron las palabras. Eran pocas, pero suficientes. Se recreó en la lectura de aquellas letras oscuras, que marcaban de negro el centro de la hoja:

Laura:

Te quiero mucho y te querré toda la vida. Solo tú por y para siempre. ¿Quieres ser mi novia?

Miguel

Volvió a leer lo escrito y sonrió satisfecho. Por fin lo había logrado. Era breve, sí. Muy breve, pero recogía la esencia de su sentir. Y lo bueno se intensifica con la brevedad. Al menos, eso decía uno de sus filósofos favoritos. Así quedaría.

Dobló con delicadeza el papel. Buscó un sobre entre sus cosas, introdujo la cuartilla, pegó la solapa y escribió en el anverso:

«Para Laura». Volvió a mirar el sobre orgulloso de su osadía y lo metió en su libro de Inglés. Por unos segundos se quedó absorto. Sus ojos irradiaban un brillo especial. El primer paso ya estaba dado. Ahora tocaba entregarlo, y después… Una voz familiar lo volvió a la realidad:

—¡Miguel, Miguel! La comida ya está en la mesa.

Se sentó en su lugar habitual y comió lo que se le servía sin proferir palabra alguna. Aunque en su casa no era muy hablador, su madre se dio cuenta de que algo le ocurría.

—Te noto muy callado, Miguel. ¿Tienes algún problema? —le preguntó, clavando sus enormes, bondadosos y negros ojos en los de su primogénito.

—No, mamá. No me sucede nada fuera de lo normal. Tengo un examen esta tarde y repaso mentalmente. Quiero aprobarlo —le mintió.

Era una mentirijilla casi piadosa. Piadosa para sí mismo, ya que necesitaba hacer acopio de toda la tranquilidad del mundo, con el fin de montarse una estrategia de entrega, libre de las miradas de los curiosos. Tenía que pasarle la carta a Laura sin que nadie se percatase, y eso no iba a ser fácil. Ella siempre andaba rodeada de sus amigas. Encontrar el momento oportuno exigía una buena planificación. Pondría a funcionar sus cincos sentidos y toda su inteligencia para hallarlo. No podría soportar que alguien ajeno a ellos dos se diera cuenta de sus pretensiones. Tenía que evitar con todos los medios a su alcance la interferencia de algún compañero y para ello precisaría de toda su astucia. Si la encontraba a solas, se la entregaría; si no se daba esa ocasión, deslizaría el sobre en su cartera. Esas eran sus opciones. Con esas cartas jugaría la partida de su felicidad.

Dedicó a su arreglo personal más tiempo del acostumbrado. Normalmente era muy desastrado. Su madre se lo repetía continuamente. «Miguel, ese jersey tiene manchas. Miguel, ese pantalón está arrugado. Miguel, esa camisa… ¡Eres un adán! Siempre tan desaliñado».Y estaba en lo cierto. Ese día quería estar presentable y eligió una camiseta que solía ponerse los domingos. Optó por dejarse el mismo pantalón con objeto de no levantar demasiadas sospechas entre sus compañeros. Notarían algo raro en él y seguro que le preguntaban. No había que dar muchas pistas; sin embargo, se perfumó más de lo habitual y se peinó cuidadosamente, procurando que el flequillo adoptase una forma adecuada. Ni demasiado aplastado, como si se lo hubiera lamido una vaca, ni demasiado hirsuto, pues tampoco quería parecer un electrocutado. Con dos pasadas de peine, se encontró bien. No habría más acicalamiento. ¡La suerte estaba echada!

Eternas se le hicieron las dos horas de clase previas al encuentro con su enamorada. En Física, había tenido que copiar los apuntes de su compañero. Su atención a la explicación del profesor dejaba mucho que desear y no captaba con claridad ni una sola idea. En Matemáticas, sin embargo, cambió el panorama. Tocaban problemas. Eso le gustaba. Se puso a resolverlos con el entusiasmo que siempre le ponía a su asignatura preferida. Lo absorbieron tanto que olvidó la complicada empresa que tenía que acometer en la siguiente hora. Fue su sedante.

Y llegó el momento decisivo. Tenía que rematar la faena. Todos los alumnos de Inglés, procedentes de las áreas de Letras y de Ciencias, se reencontrarían, como de costumbre, en el Laboratorio de Idiomas. Hacia allí se encaminaba ahora con su libro y su diccionario. No necesitaba nada más. Miró en su interior y se cercioró de que el sobre seguía allí. Y entonces la vio. Laura estaba sentada en la primera fila, plena de serenidad y hermosura. ¡Laura! ¡Su Laura! A su lado quedaba un asiento libre. ¡Era su oportunidad! Se adelantó a sus compañeros y se sentó. ¡A su lado! ¡Un sueño! El destino lo había favorecido sin lugar a dudas. La saludó. Ella le devolvió el saludo y lo miró con tanta dulzura que un temblor incontrolable se adueñó de todo su ser. Su cuerpo no le pertenecía. Era de ella, de su vida, de su amor. ¡La amaba con tanta fuerza…! Volvió a comprobar si la carta seguía en su lugar. No pudo. Una enérgica voz se lo impidió.

—Sr. Jáimez, déjeme su libro —le exigió su profesor con autoridad.

No supo reaccionar y se lo entregó. Pero sus manos temblaban y erró en la entrega. El manual acabó cayendo sobre la mesa y la carta salió despedida. Al verla, se abalanzó sobre ella como una fiera. Intentaba evitar que otras manos, y no las suyas, pudieran profanar su joya más preciada y descubrir su secreto, pero unas más fuertes se le adelantaron. Unas fuertes y anchas manos, que a punto estuvieron de aplastar las suyas. Eran las del Ogro, el fornido y autoritario profesor de Inglés. El apodo le venía como anillo al dedo, no solo por su físico de dimensiones colosales. Su ácido carácter y su perenne malhumor también contribuirían a que, nada más llegar al colegio, así fuera bautizado para la posteridad. El Ogro cogió la carta, posó sus ojos en el sobre y lo miró directamente, esbozando una sonrisa que pretendía ser cómplice, pero que a Miguel le pareció odiosa y repugnante.

—¡Qué bonito es el amor!, ¿verdad, Sr. Jáimez? La primavera hace estragos. ¡Ande, tome! Y no vuelva a mezclarme el ocio con el negocio. Por esta vez, lo dejaremos pasar —exclamó con su voz atronadora.

Todos los alumnos miraban la escena con ojos sorprendidos e interrogantes. El Ogro había entrado en acción y querían conocer el motivo. Los murmullos comenzaron a inundar el aula y, por segundos, iban aumentando de volumen.

—Cállense todos. La clase comienza desde ya, y no quiero escuchar ni el vuelo de una mosca —les ordenó con contundencia.

Miguel hubiera querido que la tierra se lo hubiera tragado en aquel momento. O incluso estar muerto, aunque se sentía ya como un cadáver. Ni una gota de sangre parecía correr por sus venas. Notaba las miradas de sus compañeros atravesarle el cogote. Los notaba respirar cerca, arremolinados para buscar información. Él apenas podía moverse. Y tampoco pudo pronunciar palabra alguna. Cogió la carta y, antes de que los demás, que ya se le echaban encima con morbosa curiosidad, pudieran leer algo, la rompió, sin ser consciente de que en aquellos trozos iban también rotas todas sus esperanzas. Su excitación era tal que casi no podía mantenerse en pie. Por fin consiguió sentarse y se mostró imperturbable durante toda la clase. Solo la voz de Laura lo sacó momentáneamente de su hermetismo.

—Miguel, me dejas un momento tu diccionario —le pidió con su natural dulzura.

Apenas la miró, pero creyó descubrir en sus profundos y negros ojos una chispa especial, que no acertó a descifrar. Una chispa que seguía brillando cuando se lo devolvió. Tomó el libro en sus manos, aún temblorosas. Lo miró con ojos llorosos y lo dejó caer sobre la mesa.

Las mismas manos de ayer, hoy nudosas y avejentadas, volvían a sostener el diccionario, vestigio y reliquia del último encuentro con su primer y único amor. Se lo encontró en el desván de la casa de sus padres. Estaba curioseando en sus papeles de antaño. Se hallaba dentro de una enorme caja de cartón en la que aparecía escrito su nombre. ¡Su diccionario de inglés! Habían trascurrido casi treinta años desde que lo viera y tocara por última vez. ¡Cuántos agridulces recuerdos guardaban sus páginas! Y lo acarició con la misma suavidad con la que había soñado un día llegar a acariciar a Laura. Creyó sentir su aroma, aquel aroma fascinante que lo transmutaba. Un cúmulo de sensaciones lo estremeció. Aquel libro tan anodino era el testigo de su desgracia, de su autodestrucción, y al mismo tiempo el único recuerdo que conservaba de su amada. Lo abrió y fue pasando sus hojas lentamente. Escudriñó cada uno de sus rincones, buscando un retazo de su ayer. Detuvo su mirada en algunas chuletas. «Pecadillos veniales», se dijo. Prosiguió con su exploración y descubrió un papel amarillento que sobresalía de una de las solapas de la cubierta. ¡Era un sobre! «¿Mi carta?», se preguntó sorprendido. No podía ser. Recordaba el trágico momento de su destrucción, y lo hacía con tanto dolor como el que había padecido durante toda su vida. No podía ser. Él la rompió. El autismo emocional de su juventud lo llevó a la catástrofe. De todo el pasado era su única certeza. La rompió y con ella mató todo atisbo de felicidad. Nunca pudo olvidar a Laura, a su Laura, a aquella chica que le robó su alma. Nunca.

Abrió el sobre con gran desconcierto y mucha prisa. Buscó en su interior y detuvo sus frágiles ojos en unas palabras oscuras que resaltaban en el centro del ya ajado papel. Y leyó. Y volvió a leer. ¡No podía ser cierto! ¡No era posible! ¡Cómo fue tan cobarde! Y cada una de aquellas letras que lo iban penetrando fue convirtiendo en jirones las fibras de su ya cansado corazón. ¡Era de Laura! ¡Ella también lo amaba! Y no supo verlo.

Miguel:

Te quiero mucho y te querré toda la vida. Solo tú por y para siempre. ¿Quieres ser mi novio?

Laura

2. Laura

Miró el reloj. Era ya la cuarta o la quinta vez que lo hacía de forma compulsiva, casi rozando el paroxismo. No recordaba haber controlado jamás el tiempo con la avidez con que lo hacía ahora, milésima a milésima, segundo a segundo, minuto a minuto. Lo que no sabía es que a partir de ese día el tiempo se convertiría en su enemigo más temible, en su sempiterno rival. Su ritmo parsimonioso de ahora, su cachazudo paso, su lento y casi detenido transcurrir le causaba un tremendo desasosiego, un desasosiego que crecía por momentos. Faltaban diez minutos, solo diez minutos. El instante crucial se avecinaba y se propuso contenerse. Tenía que tranquilizarse. La clase acabaría pronto y estaba deseando salir para entrar en la siguiente. Tocaba Inglés en el Laboratorio de Idiomas y hoy quería llegar con tiempo para ocupar las primeras filas antes de que entrara en avalancha el resto del grupo. Era su momento y tenía que prepararlo con calma y precisión. Le iba a guardar un sitio a Miguel. Llevaba tiempo planificándolo todo y había elegido ese día, cercano ya a las vacaciones, y esa clase que compartían, para declararle su amor, ese amor que, como una catarata caudalosa e incontenible, se había desatado en su corazón desde el primer día en que lo vio.

Concentrada como estaba en la tarea que le esperaba, no se había percatado de que su compañera de la fila de atrás la llamaba. Solo se dio cuenta cuando notó un ronroneo en el oído. La tenía ya prácticamente pegada a ella.

—Laura, que llevo un rato dándote con el boli y no te enteras. ¿Qué te pasa, hija? —le espetó un tanto enfurruñada.

—Nada, nada. Estaba concentrada en la explicación —le contestó Laura sin apenas girar la cabeza.

—Pásame el cuaderno de Inglés, porfa, que anoche estuve con Carlos en el *pub* y se me fue el santo al cielo —le pidió, esgrimiendo en su rostro un gesto de felicidad que no pudo ser contemplado por Laura, pero que imaginó por el tono dulzón con el que modulaba su voz—. Pásamelo rápido, ahora que la Martirio está distraída escribiendo en la pizarra, porfa, porfa.

Sin mover la cabeza y manteniéndose hierática como una esfinge, le entregó con disimulo el cuaderno mientras miraba fijamente a la Srta. Elena, su autoritaria profesora de Latín. Trataba de evitar que la descubriese charlando y le armase la marimorena. Era muy estricta y no pasaba por alto ninguna distracción ni conversaciones por lo bajini que se tuvieran en el aula mientras ella explicaba. Saltaba como un resorte sin pararse en nada cuando había murmullo en la clase. Al alumno que descubría in fraganti lo machacaba con todo el peso de su razonado y duro discurso, hasta que lo dejaba destrozado y sin escapatoria posible, sin argumento verbal que pudiera explicar ese comportamiento. La actitud de la Srta. Elena, unida a las gafas negras con las que cubría unos ojos apenas visibles, le había granjeado el merecidísimo apodo de «La Martirio», con el que las últimas generaciones que habían pasado por el colegio la conocían. En esa clase, como en la del Ogro, solo se podía respirar y mirar al encerado. Todo lo demás estaba rigurosamente prohibido.

Aparentemente Laura continuaba pendiente de la explicación, pero a duras penas podía retener nada. De tarde en tarde escuchaba, tal vez porque la profesora lo pronunciaba en tono más vivo, un «Virgilio» que, a modo de martillazo, la liberaba de su ensimismamiento y la devolvía al mundo real para caer de nuevo en la penumbra aislante y posesiva de la tarea que la aguardaba una vez finalizada la clase.

Aunque era consciente de que con la declaración por carta que estaba a punto de pasarle a Miguel se saltaba todas las normas no escritas en su pequeña y atrasada ciudad sobre la actuación de las chicas en asuntos amatorios, que ya se encargaban las madres, las tías, las abuelas y las vecinas de transmitir de generación en generación, su decisión de confesarle su amor era firme e irrevocable. No le importaba nadar contracorriente. En unos días terminaría el curso y las oportunidades de encontrarse disminuirían y les faltarían ocasiones para verse y ocasiones para hablarse, algo que no le agradaba absolutamente nada. A ella le gustaba tenerlo todo previsto y controlado, no dejarle al azar ni un resquicio para que jugase con todas sus cartas y acabara por ganarle la partida y entorpecer su objetivo. La sociedad había cambiado mucho en pocos años. En la movida madrileña se veía de todo, pero Madrid quedaba muy alejada de aquella pequeña ciudad de provincias, y los ochenta[2] aún no eran de los jóvenes por mucho que la Diosdado se empeñara en otra cosa. Allí, en el culo del mundo, esos aires modernos todavía no se estilaban y en todo lo relativo al cortejo y a la declaración amorosa la iniciativa la seguía

---

2   *Los ochenta son nuestros* de Ana Diosdado, 1986.

llevando el varón. Si la chica se la apropiaba, se consideraba una ligereza, no exenta de consecuencias en forma de chismorreos. Ella lo sabía, pero lo que realmente le preocupaba era lo que pudiera pensar Miguel; sin embargo, estaba tan segura de su amor que su determinación no admitía dudas. Aun exponiéndose a ser tomada por una chica ligera de cascos, lo haría. Eso sí, lo haría con precaución. ¡Tampoco había que pregonarlo a los cuatro vientos! Con que lo supieran los interesados, le bastaba.

Lo llevaba todo pensado y la carta escrita. No le había costado mucho saber qué decirle. Barajó dos posibilidades. Tendría que elegir entre su voz y la de un poeta. Había pensado en mandarle un soneto de la Barrett[3]. Uno de su obra *Sonetos del portugués*, que el Ogro les había hecho leer en la lengua de Shakespeare con toda su musicalidad virgen y que habían traducido en esa misma clase, dejándolo manco de rima, pero conservando la fuerza del sentimiento. De ese poema le atraían poderosamente los dos últimos versos:

«Por amor de mi amor quiero que me ames,
para que dure amor eternamente».

Pensó en mandárselos, pero declinó hacerlo, porque quería que llegara hasta él su voz más auténtica, más honda, sin intermediarios, sin adornos, sin alharacas que ocultaran la verdad y la intensidad de un sentimiento nacido hacía ya muchos años, y que había madurado a fuerza de horas, de días, de meses, de años. Y

---

3   *Sonetos del portugués* de Elizabeth Barrett Browning, 1850.

así, en su hondura más auténtica, en su esencia más desgarrada, debía llegar al corazón de Miguel. Bien era verdad que la nota era muy breve, pero intensa y bastante atrevida. No podía dejar de cavilar qué hubiera pensado su madre de haberla descubierto. Su hija, su Laura, tan sensata, tan comedida, tan razonable, pidiéndole relaciones a un chico, como si ella no tuviera cualidades suficientes tanto físicas como morales, para provocar miles de confesiones y propuestas de otros muchachos. Y las había habido, aunque sin ningún valor para ella. Ya la escuchaba incluso decirle: «Las mujeres que actúan así pierden la dignidad». Esa sería su frase de haber conocido sus intenciones. Pero seguía sin importarle. Ella escribió lo que había sentido, y lo que había sentido, que llevaba tanto tiempo vagando como un niño perdido por todas las fibras de su cuerpo, no era otra cosa que un inmenso amor y un deseo irrefrenable de compartir su vida con aquel muchacho atento, cariñoso y sensible. Por eso, no le tembló el pulso cuando escribió sobre una cuartilla en blanco:

Miguel:

Te quiero mucho y te querré toda la vida. Solo tú por y para siempre. ¿Quieres ser mi novio?

Laura

Ahora solo le quedaba por ejecutar la entrega, porque la hora y el lugar los tenía decididos. Dejaría la cartera sobre el asiento y cuando lo viera entrar, la quitaría con disimulo, porque sabía que él se sentaría a su lado, como solía hacerlo cada vez que se presentaba la oportunidad y encontraba un asiento libre. Y lo haría con disimulo, porque la peña siempre estaba al loro de todo y no consideraba necesario dar demasiadas pistas sobre sus sentimientos y sus intenciones.

Volvió a mirar el reloj. Seguía inquieta. No había conseguido del todo hacerse con el control de la situación, pese a las dos tilas que llevaba entre pecho y espalda. Cinco minutos y sonaría el timbre. La cuenta atrás de su meditada declaración empezaría a las seis de la tarde. Iba a declararse al chico de sus sueños. Al pensarlo, un leve hormigueo le recorrió todo el cuerpo. Incluso las manos le temblaban. Temía que la delatasen. No era habitual en ella ese nerviosismo. Normalmente tenía pasta suficiente para controlar cualquier situación comprometida, pero cuando mediaban los sentimientos, el control se le iba de las manos. A esto había que sumarle la turbación añadida de romper con la normalidad. Cuando lo hacía, cuando planificaba algo por insignificante que fuera, este hecho la sacaba de quicio y le hacía perder espontaneidad. Y ante su pérdida de espontaneidad no había fingimiento que valiera. Era demasiado transparente. Esto es lo que le preocupaba. Por eso, conocedora de sí misma y de los imprevistos que pudieran presentarse, se pedía calma, se pedía tranquilidad, se pedía sosiego para resolver lo que fuera que ocurriese, cualquier contratiempo, directa y rápidamente, como acostumbraba a hacerlo. No quería titubeos ni vacilaciones, ni tampoco bloqueos mentales que la hicieran actuar como una zombi, totalmente ajena a la vida que seguía bullendo a su lado, a pesar de que llevaba ya una hora con el tiempo detenido. Quería aparentar normalidad para que nadie sospechara nada y su único objetivo de esa tarde no se viera ni alterado ni abortado.

Era cierto que le costaba mucho decidirse a la hora de realizar cualquier asunto de escaso calado, y en ese que se traía entre manos, tan importante para su futuro sentimental, había tenido que invertir mucho tiempo y mucho desgaste, porque se jugaba su felicidad. Por ello, había analizado los pros y los contras con una minuciosidad y precisión casi quirúrgicas, pero una vez que la victoria de las ventajas se había impuesto, la decisión era inexorable. Sí o sí iba a llevarla a término, como si se tratase de un asunto de vida o muerte. Y ya estaba decidido que Miguel debía conocer, antes de que acabara el curso sus sentimientos. No podría soportar pasarse el verano lejos de él, dejando en manos de la casualidad sus encuentros. Además, tenía que saber si esas miradas intensas, serenas e íntimas, con las que se sentía acariciada, guardaban realmente el significado que ella leía o si, por el contrario, su interesada imaginación hacía una lectura inadecuada, más cercana a un montaje de cine que a la objetiva realidad.

Podría haberse evitado este mal trago si el último domingo cuando se lo encontró por el parque hubiera ocurrido lo que ella se esperaba. Al verlo, su corazón empezó a latirle con una fuerza inusitada y casi estalla cuando le pareció que venía a su encuentro. Pensó que ya había llegado el día. Que por fin aquel chico de cabello moreno y acaracolado y grandes ojos soñadores iba a hablarle de amor. Iba a abrirle su corazón, y así la vida, la suya propia, dejaría de tener oquedades. Ningún hueco quedaría por llenar, porque sin Miguel se sentía incompleta; de esa forma, recobraría el sentido del que carecía, porque quería compartirlo todo con él: su alegría, su tristeza, sus inquietudes, su presente, su futuro… todo. Se entregaría a él en cuerpo y en espíritu, porque lo amaba. Lo amaba más que a nada en el mundo. Hacía ya mucho tiempo que había tomado consciencia de su estado. Su extremada juventud y su consiguiente inexperiencia en lides amorosas la habían privado de ponerles nombre a aquellos estremecimientos que el chico le había provocado desde el primer momento en el que asomó a su vida bastantes años atrás, cuando ella aún jugaba a las casitas y a las muñecas.

No pudo olvidar jamás el día en el que sus miradas se encontraron por primera vez. Andaba en un rincón del bullicioso parque de su ciudad jugando con la casita de muñecas de madera, heredada de su prima Rosi. Se la regaló, no sin pena, el día en que se ennovió. Creyó que ya había llegado el momento de pensar en una casa de las de verdad y no en una de mentirijillas, y con todo el dolor de su corazón se desprendió de su casita de la niñez, no sin antes alertarla acerca del valor de ese legado que acababa de heredar.

Todos los días de verano acostumbraba a salir con sus amigas al parque y allí, bajo la sombra del centenario castaño de Indias, colocaba la coqueta casita y desparramaba todos los útiles caseros sobre el banco de hierro afiligranado. Sus amigas hacían lo propio y todas se entregaban con complacencia a imitar a sus madres. El día del descubrimiento de la existencia de Miguel andaba de mercadeo con su amiga Adeli. Estaba cambiando un minúsculo cacito de hojalata, que tenía repetido, por una sartén. El día anterior habían ya cerrado el trato. Mientras realizaban el intercambio, el hermano pequeño de Adeli realizó una de sus gracietas preferidas y les golpeó las manos con una rama seca, que habría recogido del suelo. Se agachó a buscar su sartén por debajo del banco en el que estaban sentadas y, al levantar la vista, se encontró con la tierna y profunda mirada de un desconocido.

Sus grandes ojos negros la horadaron. Nunca antes había visto a aquel chico. No era de su barrio ni de su colegio ni de su entorno. Tal vez sería primo de alguno de sus amigos. Era verano y acudían muchos forasteros a la ciudad a visitar a los parientes, por lo que no resultaba extraño encontrarlos por allí. Podría haberse acercado al grupo con algún pretexto y preguntar, pero le dio corte. Sin embargo, sintió una extremada curiosidad por conocer todos y cada uno de los datos de aquel desconocido, que se le antojaba un auténtico ángel. Como sabía que no estaba en condiciones psíquicas de emprender la empresa indagatoria, se limitó a sentarse de nuevo en el banco y a observarlo disimuladamente. Si hubiera sabido más de amores, habría notado el mismo aire de disimulo en la expresión corporal del muchacho. Seguía apoyado en otro banco, con la mano en la barbilla y en animada conversación con los chavales que lo acompañaban, pero de tarde en tarde sus ojos huían al otro extremo, hasta el preciso lugar donde ella se hallaba esperando el momento de su mirada para rehuirla. Apenas podía mantenerla unos segundos. Inmediatamente hacía como si jugara, pero sin dejar de mirar por el rabillo del ojo.

Supo que era hijo del médico, que recientemente se había instalado en la ciudad. Y desde ese momento Miguel empezó a formar parte de su entorno. Empezó a formar parte de su vida. En el parque, en la escuela, en las calles, en el colegio… solo un nombre, solo un chico: Miguel. Si lo veía, sus piernas temblaban y su interior se inflamaba con el vuelo de las mariposas que resurgían en su estómago. Si paseaba por la calle y no avistaba su estilizada figura, rematada por aquellas dos delgaduchas piernas largas que la fascinaban, la inquietud también la embargaba, y su cuello se estiraba y contorsionaba una y otra vez mirando para todos los lugares a la espera de contemplar su ansiada presencia. Entonces, cuando este hecho se producía, no había nada en mil kilómetros a la redonda que pudiera atraer su atención. Sus cinco sentidos se concentraban en la figura del chico de sus sueños: «Alto, moreno y con los ojos negros, muy negros», como decía aquella canción, que ella cantaba una y otra vez con una alegría y emoción desaforadas.

Sonó la sirena, que anunciaba el cambio de clase. Sin saber cómo, se vio en un instante en medio del largo y estrecho pasillo y a la vanguardia de todo el grupo de compañeros que le iban a la zaga. Imprimió buena velocidad a sus piernas y les sacó un buen trecho a sus seguidores.

—Laura, Laura —oyó con nitidez por detrás de sus rizados bucles. Reconoció la voz de su amiga, pero no se detuvo. Sabía bien que Carmen la seguiría para devolverle el cuaderno. ¡Qué más daba que la encontrase de pie o sentada ya tranquilamente en el aula! A ella lo que le interesaba ahora era llegar la primera y poder elegir a gusto el lugar donde iba a sentarse.

—Laura, Laura —seguía llamándola Carmen sin cejar en su empeño de abordarla cuanto antes.

Consiguió finalmente entrar en el aula vacía y eligió las primeras filas para que sus amigas ese día la dejasen tranquila. Sabía que en esa clase no se atreverían a sentarse cerca del Ogro. Al tiempo que se sentaba, colocó la cartera sobre una de las sillas contiguas. Se la guardaba a Miguel mientras continuaba escuchando la cantarina voz de su amiga y compañera, que acababa de traspasar la puerta.

—Laura, hija, no había quien te alcanzara. Pero ¿qué te pasa a ti hoy? Estás muy rara. Parecía que huías del mismísimo diablo. Toma el cuaderno. Ya copié los ejercicios —le dijo jadeante y continuó con su perorata—. ¿Por qué te sientas aquí? Vamos, vente para atrás. Aquí los ojos del Ogro nos van a descuartizar —afirmó acompañando sus palabras con una sonora carcajada.

—No, Carmen, tengo muchas dudas sobre el uso de los verbos y quiero preguntar, que el examen está al caer —aseveró sin pestañear.

—Vale, pero si la toma contigo, luego no vengas a lamentarte —añadió aderezando su respuesta con otra enorme carcajada.

Tragó saliva y chasqueó la lengua. Tenía la boca seca. Lo que daría por un vaso de agua, pero ya no había tiempo de nada, solo cabía esperar la llegada de Miguel. Y apareció. Miguel apareció. Allí estaba mirando para todos lados hasta que la vio. Se notó la respiración entrecortada, como si le faltara el aire. Solía ocurrirle siempre que se inquietaba y ante la presencia de Miguel, la inquietud se había convertido en compañera. La miró, la saludó con la cabeza y vino directamente hacia ella. Quitó la cartera de la silla y la colocó a sus pies.

—Hola, Laura —la saludó con su connatural dulzura.

—Hola, Miguel —le devolvió el saludo, pero se quedó sin palabras. No sabía qué decir más. Un silencio de cementerio se impuso entre los dos, un silencio que tenía que evitar como fuera y tiró de pregunta-comodín.

—¿Has hecho los ejercicios?

Podría haberle hablado del calor tan inmenso que hacía en ese mes de mayo, o del manido tema de la salud o de miles de cosas, pero solo acertó a hablar del manoseado tema estudiantil. Era el que venía más al pelo. Si estaban en clase de Inglés al fin y al cabo, estaba bien hablar de los ejercicios.

—Sí —respondió Miguel.

Ella seguía pensando dónde colocar la carta y miró las manos del chico. Vio que llevaba el libro y el diccionario, y supo que en alguno de esos dos objetos la pondría. Mientras pensaba cómo hacerlo, distraída en ese menester, no pudo observar la escena que se desarrollaba delante de sus ojos entre Miguel, su Miguel, y el profesor. Solo escuchó un tono admonitorio, que ponía la piel de gallina, del Ogro dirigiéndose a Miguel y solo pudo ver la cara pálida de su compañero mientras rompía de forma descontrolada un papel. Después, murmullos, más murmullos de la clase y la regañina consiguiente del profesor, que argumentaba favorablemente el porqué de su merecido apodo.

Sin ser consciente de los detalles de lo que allí había ocurrido, sí pudo intuir que no había sido grato ni satisfactorio para Miguel, que continuaba pálido y con el rostro desencajado. Hubiera querido en ese momento tener un mando a distancia y congelar la imagen. Congelarlos a todos, salvo a ellos dos, para poder preguntarle sin reparos el motivo de su angustia, y acariciarlo, coger sus manos e imprimirle toda la fuerza necesaria para devolver a su cara la alegría, desaparecida tras el incidente. Y como no tenía más poderes que confesarle su amor, se dirigió a él en voz baja:

—Miguel, ¿me dejas un momento tu diccionario?

Este se lo pasó de inmediato mirándola con ojos brillantes y sin pronunciar palabra. Algo sucedía, algo grave para el muchacho, pero no era el momento ni la ocasión para averiguarlo. Cogió el diccionario, abrió la solapa de la portada y colocó su carta. Volvió a cubrirla con la misma solapa y se lo devolvió a su dueño, que lo cogió con manos temblorosas sin apenas mirarla.

No sabía cómo abordar el problema. Entre el hermetismo lívido de Miguel y los ojos acechantes del Ogro, se sentía aprisionada. Cuando la sirena sonó y estaba a punto de dirigirse a él, este se despidió con un imperceptible y apresurado adiós y salió por piernas de la clase, desapareciendo de su campo de visión. Su desconcierto la llevó a abandonar el colegio antes de la finalización de las clases, arguyendo un inesperado y terrible dolor de cabeza. Antes recorrió los pasillos, el patio, la puerta, los alrededores… Buscaba a Miguel, pero Miguel no estaba. Se había esfumado.

Las mismas piernas que una semana atrás pisaban con energía las enceradas losas del estrecho y largo pasillo del colegio, ansiosas por encontrarse con el amor de su vida, caminan hoy con pesadez, con una descomunal pesadez, tratando de evitar aquel lugar, donde irremisiblemente solo encontrará silencio, el arma más destructora y dañina para su atribulado corazón. Camina lentamente, arrastrando los pies. Tiene la impresión de estar tirando de una yunta de bueyes, que se le resisten, porque siente su cuerpo rígido como el hierro y su alma gravada de acero. Se esfuerza por acelerar el paso en un intento de ocultar su desgana; sin embargo, su mente le ordena a cada minuto retroceder, huir de allí, buscar la protección de su hogar y la soledad de su dormitorio, donde nadie pueda ser testigo de ese inmenso dolor que le atraviesa el corazón y le comprime una a una todas sus células vitales. Ese dolor que no puede controlar y que la ha envejecido años en apenas días. Aunque ganas no le faltan para salir corriendo de allí y poner tierra de por medio, no debe hacerlo. Es fuerte y ha de demostrárselo. «Lo que no mata, engorda», suele decir una vecina suya, y ella va a aguantar como una heroína ese último día. Aunque se le parta el alma a pedazos, va a afrontar la situación como sea. «Lo que no mata engorda, lo que no mata engorda», se repite una y otra vez.

Lleva ya varios días comprendiendo a Gregorio Samsa[4]. Ella también se siente metamorfoseada, y no es un insecto precisamente su nueva envoltura. Su ligereza de los días en los que presumía que Miguel la quería ha desaparecido. Su alegría también. Ahora solo experimenta mucho dolor y una enorme necesidad de ser invisible.

Será ya la última vez en que obligatoriamente tenga que encontrarse con él. Tendrá que soportar sus coqueteos con otras chicas, tendrá que vivir su alejamiento y, sobre todo, sufrir su silencio, vivir con ese silencio áspero y cortante que los separa desde el aciago día en que le declaró su amor, ese día en el que le dejó la carta, esa carta en la que le desnudaba su alma y que se ha convertido en el detonante de su aflicción. ¿Se arrepentía del paso dado? No, no se arrepentía. Era una chica decidida y cuando tomaba una determinación, lo hacía arrostrando todas las consecuencias por desagradables que fueran. Ella barajó todas las posibles respuestas, estudió todos los escenarios posibles, pero

---

4   *Protagonista de La metamorfosis* de Franz Kafka, 1915.

no contó con el arma más destructiva dado su carácter directo y abierto. No contó con el silencio de Miguel. Sorprendentemente había tenido la única reacción que no había considerado y ante la que se encontraba inerme: silencio. Nunca supo interpretar los silencios. A ella le gustaban las palabras. Sí o no. No pedía más, ni siquiera explicaciones ante una negativa. Pero Miguel había elegido la postura que más le dañaba. Dio la callada por respuesta y cada segundo, cada minuto, cada hora, cada día iba alejándose un poco más de ella. Ya no sabía si le dolía el dolor de no ser correspondida o el dolor de ser ignorada. Lo que tenía claro es que ese silencio la mataba, porque se sentía totalmente incapacitada para combatirlo. No era orgullo, no. Era impotencia, una aplastante impotencia para romper ese silencio.

En su casa y con su aprobación se ha decidido su destino. En unos días se irá a París con sus tíos. Allí pasará el verano y allí iniciará sus estudios en La Sorbonne, donde trabaja su tío. Es lo que siempre habían querido sus padres y a lo que ella siempre se había negado; sin embargo, ya no la retiene nada en aquella ciudad. Los últimos acontecimientos la han llevado a aceptar esa situación como la más favorable para olvidar a Miguel, a ese Miguel que le ha vuelto la espalda, que la rehúye como a la peste.

Laura enfila el pasillo en dirección al Laboratorio de Idiomas y se para en seco. Siente una presión acelerada en el corazón, que lejos de imprimirle ritmo a sus pasos, la paraliza. Ve a Miguel y lo ve, como ya es costumbre, rodeado de chicas. No reparan en ella y ella pasa como una sombra por su lado, consciente de que será la última vez que esas piernas largas y flacuchas la inquieten.

Oye que la llama Carmen y vuelve la vista, y de forma inesperada se cruza su mirada con la de él. Quiere descubrir en sus ojos el mismo amor de siempre, la misma chispa, pero su desencanto se niega a admitirlo. Mira a Carmen, que se le aproxima y la coge del brazo, y lanzando otra de sus habituales carcajadas, le dice:

—Vamos, Laura, que hay que darle puerta al Ogro. Hoy será nuestro último día en este antro y nuestra última hora con el monstruo. Alegra esa cara, hija.

Laura hace una mueca que intenta imitar una sonrisa, mientras piensa que, aunque ame a Miguel más que a nada en la vida, aunque sea consciente de que ese amor es inmutable, con la lejanía como aliada tal vez pueda enterrarlo para siempre. Lo va a intentar. El tiempo y la distancia serán sus más leales aliados.

—Sí, Carmen, hoy será nuestro último día —afirma muy confiada.

3. Una llamada

Sonó el despertador, pero no cumplió su función de despertar, pues Laura llevaba ya mucho tiempo despierta. Ni siquiera recordaba haber dormido algo. Le ocurría siempre que por algún motivo especial debía levantarse antes de la hora acostumbrada. Su desconfianza, adquirida durante el transcurso de su vida, le hacía no fiarse ni de las máquinas. Por eso, cuando sonaron los primeros compases de la metálica y cansina melodía, alargó al instante la mano, apagó de inmediato el timbre y, totalmente sumida en la oscuridad y rodeada por el silencio nocturno, se sentó en la cama, cogió el batín, se calzó las zapatillas y se levantó. A ciegas, se dirigió a la cocina. Estaba tan familiarizada con aquel recorrido que no necesitaba iluminación para reconocerlo. Todo estaría en el mismo lugar en el que ella se lo había dejado unas horas atrás, y la cafetera preparada y los cruasanes muy cerca, salvo que traviesos duendecillos hubiesen irrumpido en su espacio y hubieran dedicado la noche y parte de la madrugada a juguetear con sus cosas de comer, porque en esa casa no vivía nadie más que ella desde que su madre cerrara definitivamente los ojos una gris y lluviosa mañana, típicamente parisina, del mes de febrero. Desde entonces, solo unas manos, las suyas, ordenaban y organizaban cualquier objeto, útil o inútil, de los que formaban parte de su entorno; y solo unos pies, los suyos, pisaban suavemente el parqué de aquel piso antiguo del Barrio Latino, tan lleno de recuerdos, que había pertenecido a sus tíos.

Ya en la cocina, encendió la luz, enchufó la cafetera, sacó de la panera un cruasán y se encaminó hacia el cuarto de aseo. Un buen lavado de cara con agua fría la ayudaría a espabilarse de verdad. Eso y un buen tazón de café la devolverían a la vida. Era la rutina de cada mañana, aunque hoy se había adelantado la hora y el madrugón había sido de antología, pues así lo requería el momento. Tenía el mismo sentimiento que el de una colegiala el primer día de clase, el mismo que el de un artista en su debut o en el estreno de cualquier espectáculo. Era una especie de comezón que empezaba en el estómago y le recorría todo el cuerpo de cabo a rabo el que se le había instalado en su interior desde que empezó ese nuevo trabajo. Estaba ansiosa por ver el resultado de esa obra, que la había tenido ocupada varios meses y que en los últimos le había ayudado a superar la muerte de su madre. La traducción de su primera novela se había convertido en la mejor terapia. Hoy la mandarían a la editorial si el agente del autor daba el consentimiento a su impresión tras el encuentro previsto para las diez.

Aunque hacía ya días que estaba terminada y entregada, su desmedido perfeccionismo le había impuesto una última revisión de las revisiones previas. De madrugada, sin ruidos, sin llamadas, sin interrupciones, se concentraría en ese último repaso, con el fin de extraer aquellos pasajes más relevantes para el desarrollo de la trama, en los que debía captar con total acierto el humor inteligente, vertido con fina ironía, y la psicología complicada de su protagonista, del autor valenciano, tan de moda en España, que le había tocado en suerte traducir al francés. Esperaba llevarlo todo controlado para que no hubiera objeciones de ningún tipo y se le diera luz verde al proyecto ese mismo día. En esas horas que hoy le robaba a su descanso contaría con el tiempo necesario para perfilar su exposición sin cometer el más mínimo derrape, al menos esa era su intención.

Así era ella. Detestaba los errores, sobre todo los debidos a despistes. Si el error obedecía a una falta de capacidad para hacerlo mejor, se lo perdonaba, pero no se permitía cometerlo por pereza. Al trabajo había que dedicarle todo el tiempo necesario para dar de sí misma lo mejor. Era lo aprendido: esfuerzo y diligencia, diligencia y esfuerzo, aunque a veces le disgustara su radical exigencia. Y en esta situación la diligencia era poca. Un autor de moda, una novela de éxito y una recién estrenada traductora de narrativa conformaban un cóctel explosivo, en el que ella se llevaría la peor parte en caso de explotar, y no tenía interés alguno en ser una traductora suicida y salir volando por los aires antes de despegar. Sabía que los ojos de la crítica la escudriñarían a fondo y, si la novela no llegaba a tener el éxito esperado en el mercado francoparlante, la responsabilidad caería sobre sus espaldas. Se jugaba mucho. No era solo su prestigio, también estaba en juego su honra personal, su amor propio y la admiración que sentía por el autor de *La soledad era esto*[5], una de sus novelas favoritas de los últimos tiempos. No quería fallar ni fallarle.

Se secó la cara y se miró al espejo para arreglarse un poco su rizada melena. Recordó por un momento los consejos que siempre le había dado su madre y sonrió con una amarga ternura.

---

5   *La soledad era esto* de Juan José Millás, Premio Nadal 1990.

¡Su madre! ¡Cómo la echaba de menos! Desde pequeña le había inculcado que una mujer, al levantarse, saliera o no de casa, tenía que asearse y prepararse como si en cualquier momento pudiese llegar una visita o tuviese que acudir a una urgencia.

—Laura, antes de nada, el aseo personal —le decía algún domingo o día de fiesta, en el que se hacía la remolona y tardaba más de la cuenta en ducharse, cambiar su cómodo pijama por ropa de calle y estar preparada para lo que fuera—. En pijama no me gusta que andes por la casa. Nunca se sabe quién puede venir o dónde has de salir. Desde que una se levanta, debe estar presentable.

A fuerza de repetirlo, fue su madre consiguiendo que su tendencia a dejarlo todo para luego se fuera minando y acabara por desaparecer. ¡Lástima que esa diligencia solo la aplicara a lo externo! En lo tocante a sus sentimientos, ya era otro cantar; de esta forma, la acción de levantarse de la cama se había convertido en todo un ritual repetido desde su niñez. Ni siquiera sus casi treinta años en contacto con las costumbres francesas lo habían socavado. Eso sí, todo con moderación. Ni mucho arreglo ni poco, sino el suficiente para estar presentable, haciendo gala del aforismo griego que solía repetirse en cualquier situación comprometida: «De nada, demasiado».

De las costumbres francesas, solo el cruasán había conseguido conquistarla y había entrado a formar parte, en todas las ocasiones extraordinarias, de su desayuno, sustituyendo a los exquisitos tejeringos, que su madre les compraba los domingos. Para el resto de la semana, el típico mollete con aceite, tan suculento, que tomaba de pequeña, lo había desbancado, por imperativo de fuerza mayor, la crujiente *baguette,* aunque seguía prefiriendo el aceite como aderezo. Siempre que era posible, su hermano se encargaba de enviárselo desde su tierra. No le hacía ascos a las tostadas francesas con mantequilla, no. Es más, le gustaban, pero solía tomarlas fuera, rara vez en casa. Ahora bien, lo insustituible era el espléndido tazón de café, imprescindible para poder hacerle frente al día con las neuronas bien despiertas. Y como se trataba de un día diferente, lo más recomendable para iniciarlo con buen pie era acompañarlo de un cruasán, untarlo bien de mantequilla y comérselo. Sin duda, lo mejor que podía pasarle al cruasán[6] y, sobre todo, a ella.

Mientras se peinaba, examinó con atención su cara. «¡Otro surco más!», se dijo con indiferencia. ¡Cómo marca la vida! A sus casi cincuenta años era natural que su rostro reflejara el paso el tiempo. Y era normal que un día sí y otro también una nueva estría irrumpiera en su cuerpo. ¡El tiempo destructor! El discurrir del tiempo y sus huellas, como marcas estampadas por hierros candentes en toda la geografía de su físico, eran el fatal obsequio que el sufrimiento, provocado por todo aquello que se había quedado en el camino, le dejaba en herencia, el peaje que había que pagar por seguir siendo una superviviente.

Pensó con una burlona sonrisa que si su rostro fuese un museo de arrugas, cada una de ellas podría ser identificada con un cartel, como se hace con las piezas expuestas, en el que figuraran fecha, lugar y causa de la rugosidad. Se imaginó la cara así decorada y no pudo evitar reírse. No era mala esa idea. No, no lo era. Así

---

6   *Lo mejor que le puede pasar a un cruasán* de Pablo Tusset, 2011.

evitaría preguntas incómodas y, al mismo tiempo, desnudar su alma y divulgar sus vivencias más lacerantes; además, con la cara llena de cartelitos se cubrirían al completo los estigmas. Mucho mejor que con la cirugía estética, tan de moda. Y el procedimiento sería más barato. Ella, por lo pronto, siguió con su ritual y se embadurnó con una buena hidratante. ¡Tampoco había que dejar a la edad ligera tatuar a su antojo y soltura! Alguna resistencia debía oponérsele, aunque fuera con cuatro potingues, para que no campase a sus anchas dejando marcas a placer.

El ruido de la cafetera la extrajo de sus pensamientos y acudió deprisa a la cocina en busca de su droga matutina. Así llamaba al único café que se tomaba en todo el día: su droga y su manjar. Le gustaba con poca leche y con mucho azúcar, para dejarla asentada en el fondo y tomarla con cucharilla como último sorbo. Eso pretendía: afrontar los días con dulzor en la boca, para contrarrestar el sabor agrio de las penalidades de la existencia.

Cuando le dio el último bocado al cruasán, se dirigió al despacho y encendió el equipo, con el fin de ir ganando tiempo mientras se lavaba los dientes. Volvió a mirarse en el espejo y ya, preparada para la tarea, entró de nuevo en su lugar de trabajo. Aún andaba el ordenador abriendo programas y con el antivirus en pie de guerra. Como era incapaz de mantenerse sin hacer nada, se dedicó a repasar con la vista las fotos que decoraban su estantería poblada de libros. En esas fotos, unas en blanco y negro y otras en color, se hallaban cautivas, en momentos muy especiales, las personas más importantes de su vida: su familia. Las repasó todas en un vistazo rápido, pero sus ojos se detuvieron cargados de consternación y añoranza en una muy significativa, la última instantánea en la que aparecían todos: sus padres y sus tíos, unos segundos padres para ellos; su hermano, ataviado con sus galas de novio, junto a su reciente esposa, el día de su enlace y a su lado, ¡cómo no!, ella misma, o sea «el número primo», como solía llamarla su madre. Se sonrió de nuevo. «El número primo», pensó. ¡Qué apodo más bien traído! No solo evidenciaba la afición lectora de su progenitora, sino que también demostraba su exquisito y perspicaz humor.

Y es que su soledad física era una realidad tras tres matrimonios fallidos. Tres bodas, tres fracasos. Y su madre, como no podía ser de otra forma, había acusado el golpe y recurría al humor como medio para sobrellevar el aislamiento de su hija, que había transformado su carácter. De su Laura alegre y confiada de la juventud poco quedaba. Cada vez más precavida, cada vez menos comunicativa, tejiendo un impermeable caparazón, del que de tarde en tarde salía y al que regresaba otra vez, recubriéndolo con una nueva costra cuando la vida volvía a golpearla, tragándose en silencio sus tropiezos y sus desencantos. Solo su escéptica y huidiza mirada mostraba el premio a la consolidación de su fracaso. Siempre sospechó que el motivo de ese cambio de actitud provenía de su ciudad y de su juventud, pero jamás le preguntó nada, excepto en una ocasión. Bajo el ardor de una discusión tonta, soltó una frase que vino a delatarla y puso a Laura en guardia.

—Nunca entendí por qué acabaste cediendo a nuestros deseos y te viniste a París. Algo muy grave tuvo que pasarte, que te desligó de tu gente y de tu tierra. Algo que nunca has querido revelar.

—Fue la mejor decisión para mi futuro —afirmó Laura con mucha tibieza y poca convicción.

Su madre hizo gala de su perspicacia y no volvió jamás a tocar el tema. Pero la preocupación por la soledad de su hija ni la callaba ni la disimulaba. Laura la entendía. Entendía a la perfección, a pesar de no ser madre, el extremo desvelo de la suya. Sabedora de que por ley de vida ellos, tan protectores, se irían antes, temía dejarla sola «en esa extraña tierra de gabachos», como acostumbraba a remacharle cada vez que la ocasión se presentaba. Por más que la tranquilizara con el argumento de que los tiempos habían cambiado, que en la actualidad las mujeres sabían desenvolverse bien y valerse por sí mismas, que lo importante era rodearse de buenos amigos y otras ideas similares, su madre no dejaba ni un momento de pedirle que regresara a España cuando ellos muriesen. «Busca el calor de los tuyos» era su cantinela preferida. Esta petición se había convertido en una súplica constante y angustiada cuando supo que la enfermedad que la tenía postrada en la cama era irreversible.

—Prométeme que volverás y moriré tranquila —le pedía con ojos suplicante—. Prométemelo.

Ella se limitaba a callar y a cambiar de conversación para desviar el tema que le removía la vieja herida. Se resistía a las promesas, porque, consciente de que debía volver y saldar sus deudas con el pasado, no se había decidido todavía a hacerlo y se negaba a prometerlo ante la falta de una absoluta certeza para poder cumplirlo.

Toda una vida entregada a engañarse, a esconderse, a negarse, a sepultar el pasado, y tuvo que ser su última pareja, un «parlero» argentino quien pusiese el dedo en la llaga. Gracias a él había logrado reconocer la auténtica causa de su inmadurez emocional.

Treinta años de su vida consagrados a flagelarse con las mentiras más absurdas. Nada más que él pudo conseguir que aceptara la verdad de su derrota, cuando ante el deterioro de su relación, ejerció con ella su profesión de psicoanalista.

—Vos no podés amar a nadie. Vos tenés que arreglar las cuentas con el pasado. Vos podrás entonces ser dueña de tu destino.

Le dolieron profundamente esas palabras, porque el charlatán de su porteño había dado en el clavo. Y lo que nunca admitió ni siquiera ante ella misma, acabó admitiéndolo ante aquel hombre prepotente y presuntuoso, pero agudo e inteligente.

Hubiese deseado arreglar la relación con parches. Había sobrepasado con creces los cuarenta y necesitaba estabilidad. Se resistió hasta lo imposible a aceptar el fracaso, pero cuando el alejamiento se interpuso en la pareja y los silencios se convirtieron en aliados, Héctor ejerció con ella a fondo su profesión y le dejó claro el diagnóstico: conflicto sentimental no resuelto y, como colofón, el abandono.

—Necesito una mujer sana emocionalmente, una mujer que tenga la capacidad de amar y no una fiera herida que me vea como una madriguera, donde poder esconderse de sí misma y de sus temores —aseveró antes de darle el portazo con contundencia y con la seguridad propia de un psicoterapeuta de éxito.

Así era Héctor, claro como el cristal y de una crueldad extrema cuando la razón lo asistía. Y en esta ocasión lo asistía. Tenía toda la razón del mundo. La que ella se había negado desde el momento en que renunció a aclarar las cosas con Miguel y tomó el camino más fácil y más dañino, el de la huida. Porque su marcha a París, su exilio en tierras francesas, sus excesivas tareas, sus becas de verano para estudiar en otros países, las escasas visitas a su ciudad natal, la mínima relación con sus amigos de entonces, a los que, intencionadamente, nunca preguntó por Miguel (lo poco que sabía sobre su vida ya se encargaba Carmen de contárselo), perseguían el único objetivo de blindarse contra la verdad y evidenciaban su incapacidad y falta de coraje para hacerle frente a una realidad, que la amordazaba, impidiéndole seguir avanzando. Y aun sin tener consciencia de ello, había dedicado sus mejores años a ser una fugitiva de sus propios sentimientos, sepultando entre el trabajo y la razón, un corazón que aún se estremecía cuando la imagen de Miguel se instalaba sin permiso en su interior.

El hundimiento de su última relación se convirtió, paradójicamente, en su tabla de salvación. Entonces pudo entender y asimilar su fracaso afectivo y aceptar sin tapujos la causa y el origen de su naufragio, enterrados en una honda sima de orgullo y de tozudez.

Aquel joven de piernas largas y flacuchas, de mirada profunda y soñadora, que, desde que tuviera uso de razón, le había robado el alma, continuaba, a su pesar, presente en su vida. Y por mucho empeño y ganas que hubiese puesto en desterrarlo, nunca había podido conseguirlo. Pero lo que en ese momento realmente le dolía no era ni su infelicidad ni su soledad, sino su falta de honestidad. No había sido honesta con sus parejas, porque no lo había sido consigo misma. Sus largas conversaciones con Héctor, que desembocaron en la separación, la habían redimido, porque al fin, como los adictos a cualquier droga que quieren desintoxicarse, había terminado por admitir la gravedad de su problema. Esa aceptación la conducía indefectiblemente por el camino acertado para enderezar su vida, ahora que aún no era demasiado tarde, sin andar huyendo hacia tierra de nadie desertando de su yo más íntimo.

«Hola, me llamo Laura y soy adicta al camuflaje», habría tenido que confesar de haber asistido a un grupo de terapia. Por eso, cuando su madre le volvió a pedir que regresara a España con los suyos, pese a contar con un impedimento inmediato y no poder hacerlo en breve, al menos tenía ya clara la determinación de regresar, localizar a Miguel y hablar abiertamente de la carta y de sus consecuencias. Estaba totalmente decidida a seguir su futuro sin máculas, sin cadenas, sin disfraces.

—Mamá, ahora no puedo regresar. Ya sabes lo ilusionada que estoy con este nuevo proyecto. Siempre fue mi sueño —afirmó mirándola con inmenso amor a unos hermosos ojos verdes, lo único que resplandecía en un rostro macilento y desfigurado por la enfermedad—. Pero te prometo que volveré, y tú conmigo.

—Cuando lo acabes, hija, cuando lo acabes. No hay prisas. Yo lo único que deseo es que regreses. Las nuevas tecnologías te permitirán trabajar desde allí en lo que quieras. Estarás en tu tierra, con los tuyos y podrás seguir con este trabajo —expresó su madre con la mirada cansada, pero triunfante.

Rodeó con sus manos la mano, cálida y delgada, de su progenitora y, mientras intentaba contener unas díscolas lágrimas, se escuchó a sí misma prometérselo de nuevo.

—Lo haré, mamá, lo haré. Volveré. Volveremos a España.

Su madre cerró los ojos y le pidió que corriera las cortinas. Quedó en penumbra la habitación. Laura salió y la dejó descansar. Ambas sabían que el final no se haría esperar, por mucho que disimulasen. El decaimiento y pérdida de fuerzas de los últimos días indicaban que estaba próximo. Nunca le pidió que la llevara a España para morir entre los suyos. Así de generosa era. Únicamente manifestó su deseo de que sus cenizas se depositaran en el columbario del cementerio de la pequeña ciudad de provincias en la que nació, se casó y dio a luz a sus dos hijos.

El primero en morir fue el tío Auguste. Una terrible enfermedad lo había ido minando y en pocos meses acabó con la fortaleza y entusiasmo de aquel parisino extravagante, humanista y bondadoso como pocos, que había sido un segundo padre y su mecenas. A los dos años, sin avisar, la muerte se llevó a su amado padre. Poco pudo disfrutar de su merecida jubilación y de París. Apenas llevaba dos años en la hermosa ciudad del Sena. Se echó a descansar después del almuerzo y no despertó de la siesta. Les siguió su entusiasta y divertida tía Maruja. Con ella la muerte fue más generosa en su rapto, pero más despiadada. Se la llevó poco a poco, sin prisas. Y vino a rematar su trabajo, apenas dos meses atrás, arrebatándole a su madre, dejándola en una casa llena de sombras y vacía de presencias.

Su hermano hacía años que volvió a España. Primero el trabajo, después el amor y siempre la querencia por su tierra. A pesar de que entre ellos había una estrecha relación, que se materializaba en conversaciones telefónicas o contactos por correo electrónico o videoconferencias, la separación espacial era un hecho. Se había instalado en su ciudad natal con su mujer y sus hijos a miles de kilómetros de donde se hallaba ella, envuelta en brumosos recuerdos y sola, en una soledad física llevadera, aunque con un vacío espiritual demoledor.

Abrió el archivo y contempló su obra. Experimentó una satisfacción enorme. Ante sus ojos se hallaba el resultado de su esfuerzo: *La follie d'une femme*[7]. Era la traducción que le había dado al título original de la última novela de Juan José Millás, que tanto éxito y reconocimiento de la crítica estaba obteniendo en España, su ópera prima como traductora de novela de un autor consagrado.

Se había dedicado toda su vida a la traducción técnica. Se pagaba bien y le permitía sobrevivir sin estrecheces, pero su inmenso amor a la literatura la había llevado a alternarla con traducciones de poemas y relatos de diferentes escritores para revistas literarias de escasa divulgación. Estos trabajos o eran gratuitos o estaban mal remunerados. Sin embargo, traducir a Garcilaso o a Ronsard, o a cualquiera de los clásicos, intentando conservar la raíz del sentimiento y las rimas tan equilibradas de sus poemas, era un premio para ella, una inestimable compensación que ningún dinero podía pagar.

Desde que finalizara la carrera, su máxima aspiración había sido dedicarse a la traducción literaria, pero esa salida profesional les estaba vedada a los neófitos, porque todos los puestos los copaban traductores con pedigrí. Por eso, el haber conseguido este encargo, aunque fuera ya a una edad tardía, era un regalo inapreciable y una oportunidad única, que tenía que aprovechar.

Anhelaba en lo más hondo de su corazón que, en la reunión prevista con todo el equipo al completo de la editorial y con la presencia del agente literario del novelista español, no se le

---

7   *La mujer loca* de Juan José Millás, 2014.

pusieran muchas trabas a su labor y la traducción fuera aceptada sin más. Le urgía un descanso para regresar a España y arreglar sus cuentas con el pasado.

La primera revisión había alcanzado su objetivo. Su jefe, un ejecutivo serio, exigente y agresivo, incluso había valorado positivamente algunos giros elegidos para fragmentos, formal o temáticamente complicados, del relato, elogiando la traducción del título. «¡Mucha más sonoridad! Un acierto», fueron sus parcas palabras. Ante este veredicto favorable, su confianza había crecido y, pese a que quedaba pendiente la última fase, la más temida, se hallaba discretamente tranquila. Y eso que hoy le tocaba lidiar con un morlaco, que no era otro que Monsieur Rauchs, el prestigioso representante de Millás. De nariz aguileña y mirada petrificante (lo que le granjeó el apodo de «La Gorgona»), era muy temido en los medios editoriales. Su actitud belicosa en la negociación había causado más de un dolor de cabeza.

Por los pasillos de la editorial corría el rumor de que posiblemente esa mañana estuviera acompañado por el autor, que, aprovechando su estancia en la capital para intervenir en un ciclo de conferencias del Instituto Cervantes, lo acompañaría. Ese rumor, lejos de inquietarla, le agradaba. Había oído muchos elogios acerca del carácter campechano y afable del columnista de *El País* y le hacía ilusión poder saludar al creador de Elena Rincón, uno de los personajes femeninos de ficción más conseguidos, según su opinión, en la literatura de los últimos tiempos, equiparable a Emma Bovary, a Ana Ozores y a un largo etcétera de mujeres, bien perfiladas por obra y gracia de eminentes escritores con una capacidad introspectiva admirable para captar los entresijos del alma femenina.

Desde que leyó la novela, recién salida del horno, empatizó con aquella mujer arrinconada en sí misma, perdida en el marasmo de su propia apatía e incapaz de hacerse cargo de su identidad. Así se había sentido ella: dando vueltas y más vueltas, como en un tiovivo, sin timón ni dirección. Ahora su voz, como la de Elena, no sale ya del ventrílocuo que maneja el títere. Ahora, su voz, como la de Elena, la dicta su interior y su convencimiento. El «luego» para su búsqueda vital ha quedado acorralado por el «ahora». La decisión está tomada y tiene la firme seguridad de que la edad de las tinieblas ha sido vencida por una nueva era luminosa.

Mira el reloj. Se aproxima el momento ansiado y su intervención está ya lista. Mientras imprime las hojas y pasa el archivo al *pendrive,* prepara la carpeta. Recuerda que ha quedado con su amiga Nathalie para tomar el aperitivo y almorzar una vez acabada la reunión. Van a celebrar el fin de su reclusión en los «cuarteles de invierno». Aunque se rechace el proyecto, aunque una tormenta amenace París, aunque el Apocalipsis estuviera cercano, habrá celebración, porque hay mucho que celebrar. Y se beberán una buena botella de *chardonnay* y degustarán un delicioso asado de cordero lechal con tomillo y ajos en Chez La Vieille Adrienne, cerca del Museo del Louvre. Disfrutarán ese día de la vida. De sus pensamientos la saca el *allegro* de la «Sinfonía del Nuevo Mundo» de su móvil. Es Nathalie.

—Bonjour, mon amie. ¿Has terminado ya con tu ingente y acaparadora faena?

—Bonjour, Nathalie. Sí. Ya he terminado. En breve salgo para la editorial.

—Très bien, mon amie. Ya he reservado la mesa en Chez La Vieille Adrienne.

—¡Estupendo! Quedamos sobre la una para tomar el aperitivo. ¿Te parece bien? Si alguna de las dos se retrasara, nos damos un toque.

—Oui, oui. ¡Y bonne chance, mon amie! —le desea.

—Muchas gracias, Nathalie. Au revoir.

—Au revoir, Laura.

Vuelve a mirar el reloj. Todavía tiene tiempo para ducharse tranquilamente y vestirse con parsimonia. El atuendo que va a ponerse lo ha dejado preparado la noche anterior. Tampoco para eso le gustan las improvisaciones. Ha elegido un primaveral traje negro de dos piezas con *top beige* y botines del mismo color. Como complemento, un *foulard* negro con grandes lunares en diferentes tonos tierra. Se llevará la gabardina, imprescindible en esta revoltosa primavera que se ha presentado en París.

El día ha amanecido despejado, pero desde la ventana de su dormitorio ha atisbado pequeñas nubes grises, que en cualquier momento pueden descargar sobre la ciudad. Antes de salir, vuelve a mirarse en el espejo del pasillo. Se encuentra satisfecha con su aspecto y eso le da confianza. Sale al exterior con un brillo nuevo. Se mimetiza con la tibia luz del sol que reverbera en las centenarias piedras de la acera. En diez minutos y a buen paso llegará a la Rue Mazarine. Allí tiene sus oficinas la editorial.

Se mete de lleno en la vorágine de la vida que bulle por las angostas y sinuosas calles del Barrio Latino, a estas horas convertidas en un hormiguero de turistas, estudiantes y repartidores, fácilmente distinguibles por su actitud y su ritmo. Unos, serenos y contemplativos, sin dejar de girar la cabeza en todas direcciones para contemplar el tipismo de unas callejuelas con solera y la grandiosidad arquitectónica de los edificios que las jalonan. Otros, en el trasiego de su tarea diaria, no se detienen a mirar ni la cara de los viandantes con los que se cruzan. Ella se confunde con la fauna humana y sigue su camino. Al pasar por delante de La Sorbonne, no puede evitar recordar el día de su llegada cuando, desorientada, pisó por vez primera la plaza, los pasillos y las aulas de ese edificio. Por un momento, la vence la melancolía al pensar en los días de tibia esperanza cuando confiaba aún en recibir una carta de Miguel, la carta que nunca llegó. Se sobrepone al instante impregnada por la alegría del día y por el espíritu de libertad que emana de las viejas y sabias piedras. Y vuela y sueña y confía en el devenir.

En poco tiempo se planta en la editorial. Sus compañeros del equipo de edición y de diseño se encuentran ya en la Sala de Juntas. Se agrega a uno de los corrillos, que se ha formado alrededor de la larga mesa. Todos expectantes ante la posibilidad de que aparezca Millás. La entrada del jefe, acompañado de Monsieur Rauchs, despeja las expectativas: el novelista no asistirá. Durante las exposiciones de todos y cada uno de los miembros del equipo, la mirada penetrante del *dandy* de los agentes literarios parisinos se clava en los intervinientes de forma incisiva e intimidatoria. Cuando le llega el turno, Laura lo mira con desafío y expone con serenidad sus resultados. No hay réplicas. El señor Gorgona acepta todas las propuestas con complacencia y la reunión se da por terminada.

Es temprano aún y parte sin prisa al encuentro de su amiga como una turista más, mirando con detenimiento y admirando con pasión la belleza de la ciudad que la acoge. Se encamina hacia el Puente de las Artes. Al pasar por un viejo café, desde su interior enmaderado y oscuro, envuelto en una embriagante atmósfera bohemia, se deslizan broncas notas de la garganta desgarrada de un joven Johnny Halliday. Son quebradizos sonidos que, como aspas cortantes de afilados *shuriken,* atraviesan sus oídos y van a clavarse en su corazón.

«Ceux que l'amour a blesé»[8], canta el francés. Y Laura se siente solidaria y en sintonía con todas las víctimas del amor, con todos los heridos en esa guerra, porque es una más del grupo, salvo que ella ha dejado ya de lamerse las heridas.

Cuando entra en el Puente de las Artes, una nube solitaria abre sus tentáculos sobre el centro de París y comienza a liberar, de forma tímida y persistente, una fina llovizna, que acaricia con mimo las verdes aguas del Sena y resbala silenciosa por los pretiles del viejo puente. Alguna gota se detiene y se ensancha hasta disolverse en los metalizados y coloridos candados, promesas de amor eterno de enamorados, que adornan y doblegan las barandas del Puente del Amor.

Laura toca suavemente uno de estos candados, nexo de dos almas, cuyo destino ha podido bifurcarse. Sabe que ni su nombre

---

8   «A los que hirió el amor».

ni el de Miguel aparecerán nunca grabados en ningún candado de ningún puente de ninguna ciudad del mundo. Sabe que no habrá ninguna llave arrojada a las turbias aguas de ningún río de ningún país del universo. Sin embargo, ella se siente aún atada a ese amor de juventud. Sin candados, sin cerrojos, sin cadenas, sin ataduras explícitas, sigue encadenada a Miguel con lazos invisibles y quiere saber por qué.

La lluvia continúa su monótona cantinela acariciando su cuerpo, su cabello y su cara. Laura mira al cielo en un afán de recibir las gotas, como maná purificador. Lo mismo que la mariposa, que acaba de abandonar su crisálida, se hace con las riendas de su destino. Llamará a Carmen para preguntarle abiertamente por Miguel y pedirle alguna dirección de contacto. En cuanto la consiga, le escribirá o lo llamará. Es su tarea inmediata. Necesita la verdad, por muy dolorosa que pueda haber sido y necesita, sobre todo, renacer a la vida sin rémoras. Está obligada a conocer si su infelicidad ha tenido algún sentido.

Al llegar a las inmediaciones del Museo del Louvre, se detiene en seco y busca el móvil en uno de los compartimentos de su bolso. No más demoras. Cuando está a punto de marcar el número de Carmen, los compases de la sinfonía de Dvořák la sorprenden. «Nathalie va a retrasarse» es su primer pensamiento. Pero no, no es Nathalie. Una voz masculina, rajada, afectiva y remotamente familiar, se escucha al otro lado del auricular.

—¿Laura?, ¿Laura García? —pregunta el emisor un tanto dubitativo.

—Sí, soy yo —afirma la receptora desconcertada.

—Laura, soy Miguel, Miguel Jáimez. Fuimos amigos y compañeros de estudios cuando éramos jóvenes. ¿Me recuerdas?

Laura se queda atónita. En apenas segundos y a cámara rápida, como en las películas de cine mudo, desfilan por su mente, con una velocidad vertiginosa, fotogramas ordenados cronológicamente de todos y cada uno de los momentos vividos junto a Miguel: en el parque, en las calles del pueblo, en los bares, en el cine, en el colegio, solo, con amigos, a su lado, en Navidad, en Semana Santa, en las fiestas, en primavera, en verano, en otoño, en invierno. Sus largas y flacuchas piernas recorriendo los rincones de aquella ciudad donde se había sentido tan feliz, tan plena, tan realizada, y su acariciadora mirada ocupando su pasado, y colonizando, en la imagen congelada del día en que sus ojos se cruzaron por última vez, también su presente.

La vuelve a apresar la misma inquietud de entonces. Quiere responder lo que sea, responder con rapidez, pero las palabras se quedan atascadas en su garganta. A duras penas se recompone, a duras penas se hace con el control. Y cuando lo logra, se yergue victoriosa y en un tono bajo, casi imperceptible, pero sereno y confiado, acierta a decir:

—Sí, Miguel. Te recuerdo.

4. Un hallazgo inesperado

Se rompió. Tras leer la carta, Miguel se rompió y los numerosos añicos en los que se partió su alma lo lastimaron en lo más vivo, si es que aún le quedaba algo con vida en el centro de su ser, e incluso lo herían hasta en lo muerto, que era ya demasiado. El baluarte de defensa, levantado metro a metro con firme voluntad de hierro desde el mismo instante en que Laura dejara la ciudad sin despedirse siquiera y construido con frío mármol de lágrimas, de martirizantes torturas, de paralizantes silencios, de esperas inútiles, de desoladoras desesperanzas, de orgullo herido, de recurrentes inculpaciones, se desmoronó en un segundo. El sentimiento aniquilador que le produjo la despedida a la francesa de la joven desapareció como un castillo de arena arrasado por una ola imprevista e irascible. Ahora, en este momento, sólo sentía el dolor punzante del infortunio sacudir sus adentros y tamborear todo el territorio de aquel cuerpo vencido y cansado. Y sentía, más que nada, una enorme conmiseración por ambos. ¡Víctimas! ¡Eran víctimas! Laura y él no habían sido sino víctimas del caprichoso azar, víctimas de su propia castración emocional, de una timidez rabiosa, de una inseguridad aplastante. Pudieron haberlo tenido todo y habían vivido sin nada. Y aquel desencuentro los había conquistado plenamente, privándolos del goce de un amor profundo y sincero.

A pesar de que los años y la crudeza de la vida, instalada con saña en la suya, lo habían endurecido y que de aquel joven romántico, soñador y sensible, quedaba ya muy poco en el hombre maltrecho de hoy, se estremeció. De su interior brotó una estéril rebeldía, insólita e incontrolable, contra el brutal destino. Vencido por el peso de su derrota, entró en un abatimiento demoledor.

Sin calibrar la duración de su catalepsia, levantó los ojos del amarillento papel mientras retumbaba en su cerebro un canto repetido y acuciante:

Miguel:

Te quiero mucho y te querré toda la vida. Solo tú por y para siempre. ¿Quieres ser mi novio?

Laura

Como pudo, dobló la cuartilla y la guardó en el bolsillo de su americana. Se puso de pie buscando inflexible la salida de aquella buhardilla revestida de recuerdos, que le provocaba un efecto asfixiante. Difícilmente pudo enderezarse. Una vez que lo logró, se ajustó la chaqueta, lanzó un último vistazo al habitáculo y se plantó en las escaleras. No se detuvo a cerrar la puerta por la que fluían remembranzas inquietantes. Con la mirada fija en los peldaños de la estrecha y sinuosa escalerilla, los bajó con rapidez. De inmediato se encontró en la calle, donde aspiró a pecho abierto bocanadas de aire fresco de aquella primaveral mañana. Tan pronto como consiguió estabilizarse, paseó con su mirada todo el entorno y volvió a sentirse fascinado por lo que su vista abarcaba. El mismo sol, la misma luz, el mismo paisaje de entonces y la misma carta, aunque de Laura y ¡toda una vida sin ella! Y ya era imposible recobrar el pasado. Ni siquiera el presente les pertenecía. Su empecinamiento en huir con energía inquebrantable de los recuerdos acabó por borrar implacablemente el ayer, que ambos compartieron. El tiempo en sus tres fases había desaparecido para ellos desde que aquella aciaga tarde de un relumbrante día, también primaveral, el azar, ayudado por su enfermizo autismo emocional, se encargase de bloquear su corazón, destruyendo vilmente su presente y su futuro juntos.

Ajena a su mortificante confusión, la gente transitaba por la avenida, llenando de vida la atmósfera con su algarabía e irisando el paisaje con alegres colores primaverales de su no menos primaveral atuendo. El azul del cielo, matizado por ligeras líneas blanquecinas de cirros displicentes, llenaba la ciudad de promesas halagüeñas. Con el alma compungida, Miguel miraba inquisitivo a todos lados, intentando encontrar en aquella vida, que bullía a su alrededor, alguna huella de su pasado. Todo el entorno seguía igual, pero a la vez ¡era tan diferente! Sus ojos, como si buscasen respuestas que su interior le negaba, se detuvieron un momento en la puerta de entrada al parque. Allí permanecía ella, triunfante e indiferente a los sentimientos de las personas que la atravesaban, como testigo silencioso de una época que ya no regresaría, pero con sus puertas abiertas de par en par a nuevos amaneceres. Era su particular lucecita roja[9], el hito intemporal, que contrastaba con las secuelas que el continuo devenir de su existencia había tatuado en su cuerpo y en su espíritu.

El trasiego permanente de pequeños y mayores lo retrotrajo a los días en los que llegó a esa ciudad, a los días en los que lle-

---

9 *Una lucecita roja* de Azorín, 1912.

gó a Laura. Desde entonces el parque se había convertido en el referente de su amor por ella con su puerta de entrada, siempre abierta durante el día, cuya verja se levantaba en muros, blancos y ocres, tantas veces franqueados, que daban acceso a un frondoso vergel, en el que reinaba majestuoso el Castaño de Indias, bajo cuya sombra se prendó un día de Laura y bajo cuya copa había soñado, noche tras noche, acariciarla. La evocación le produjo una sensación grata, que le devolvió unos segundos al muchacho enamorado de antaño. Repentinamente, como si el caleidoscopio ensombreciera su policromada gama de colores por arte de magia, una escena tormentosa del agonizado ayer se instaló en su recuerdo. Una escena acaecida hacía ya la friolera de casi de treinta años, en la que aquel paraje acogedor, donde la vio por primera vez, se convirtió, paradójicamente, en un lugar inhóspito, donde perdió para siempre su estela una angustiosa mañana de finales de junio del 86.

Esa mañana, como tantas otras de un junio atípico, salió nuevamente de su casa con la esperanza de encontrarse con ella. Iba completamente decidido a aclarar, de una vez por todas, una situación que le pesaba como una piedra de veinte toneladas colgada al cuello. Habían transcurrido apenas dos semanas desde que finalizara el curso, dos semanas de salidas continuas a cualquier hora del día, como un autómata programado, con la única intención de encontrarse con aquella chica morena que lo trastornaba. El episodio de la carta había alterado sus planes y lo había alterado también a él, que volvió a meterse en su caparazón, temeroso de cometer cualquier otro error irremediable. Aquel acontecimiento en la clase del Ogro había provocado entre ellos un alejamiento imprevisible, que fue agrandándose paulatinamente con el paso de los días y le hizo ser aún más cauto en su proceder. La miraba, la observaba y se con-

tenía. Fue notando en la chica una actitud de desapego, que provocaba en él un efecto narcotizante y acabó por ahogar cualquier intento de acercamiento. Un marasmo de impresiones contradictorias y absurdas lo mantenían fuera de juego. Algo de orgullo, de un orgullo paranoico, vino a sumarse a su ya atávica timidez. «No me quiere», se decía. «Laura no me quiere. ¿Para qué insistir?». No obstante, una vez terminado el curso, Laura, y solo Laura, ocupó el centro de sus pensamientos. Terminar con el tormento de la duda llegó a ser su único desafío. Si Laura no lo quería, aceptaría de buen grado el rechazo, por mucho que le costara digerirlo. Si lo amaba, aunque fuera la décima parte de lo que la amaba él, sabría saborear a su lado, una a una, todas las letras de la palabra «felicidad». Su resolución de declararse no admitía más dilaciones.

Se dirigió al parque con el convencimiento de que sería el lugar idóneo para encontrarla. Si eso no fuera posible, preguntaría por ella a sus amigas. La peña siempre solía andar por aquellos andurriales. Era su lugar de encuentro. Al cruzar la avenida, miró a un lado y a otro de la calle y sus ojos se encontraron con un Citroën Tiburón de color negro, que en vacaciones de verano y en Navidad solía transitar por el pueblo. Era el coche de los tíos de Laura. Su vista lo escudriñó con rapidez acompasada al ritmo de la marcha y únicamente pudo avistar una larga y ondulada melena negra decorando la luna de atrás del vehículo, cuya visión se desvanecía a medida que este avanzaba y tomaba la dirección de la salida del pueblo, donde terminó por desaparecer. Una fría y salvaje sacudida, envuelta en el plumaje plomizo de la incertidumbre y de la frustración, lo golpeó de lleno. «¡Laura no estará en el parque!», pensó, e inmediatamente hizo un conato de volver sobre sus pasos. En ese mismo instante, oyó una voz lejana gritar su nombre.

—¡Miguel, Miguel!

Miró y los vio. Carlos y Carmen, la feliz pareja, corrían apresuradamente a su encuentro.

—¡Hola! —los saludó algo desconcertado.

—¿Vas al parque? —le preguntó Carlos—. La peña nos espera cerca del templete de la música. Se está organizando una «fiestuki» para esta noche en el cortijo de Daniel y hay que ultimar los detalles. Vamos a ver qué se cuentan estos.

Los siguió, no porque tuviera la santa intención de asistir a fiesta alguna, sino porque necesitaba saber de Laura.

—¿Irá toda la panda? —preguntó.

—Sí. En principio, sí. Por lo menos anoche estaban todos muy motivados —respondió Carlos.

—¿Laura también irá? —volvió a preguntar sin pensárselo un momento.

—¿Laura? Laura se ha marchado hoy a París. ¿No lo sabías? Y como no tiene el don de la ubicuidad no podrá hacerlo —aseveró Carmen entre explosivas risotadas.

—¿A París? —preguntó Miguel con una mezcla de extrañeza y estupor.

—A París. Ha decidido adelantar su viaje allí para ir familiarizándose con el francés. Estudiará en La Sorbonne. Al final, sus viejos la convencieron.

La cara de Miguel se descompuso. Carmen se percató y continuó con su perorata.

—Pero ¿acaso no sabías nada? —le preguntó un tanto perpleja—. Si lo sabe toda la peña…

—Ya, pero estos últimos días he salido poco y no la he visto —explicó Miguel como pretexto, tratando de ocultar su aturdimiento—. Me habría gustado despedirme de ella —añadió con un halo de tristeza en sus pupilas.

Cuando estaban a punto de entrar en el parque, Pepe el Tonto, que siempre andaba apostado en el muro de la puerta, para pasar revista a todas las jovencitas que la traspasaban y saludarlas con su ya habitual buen manotazo en las posaderas, se les acercó.

—*Coleguis, coleguis, ¿tenéis un 'cigado'?, ¿tenéis un 'cigado'?* —*les pedía con insistencia.*

Miguel buscó en sus bolsillos y sacó un paquete de Ducados. Vio que le quedaba uno y se lo dio al muchacho.

— *'Gacias', 'gacias'. Muchas 'gacias', amigo* —*le dijo, dándole una afectiva palmada en la espalda, para regresar de nuevo a montar guardia en su garita a cielo raso a la espera de otra desprevenida víctima.*

Pepe el Tonto, como se le conocía en la ciudad, era un mozalbete de mediana estatura, muy delgado, casi esquelético, y con entradas prominentes en los occipitales, demasiado pronunciadas para su edad, lo que le daba un extraño aire de inteligencia, desmentido por una abultada boca, siempre abierta, que mostraba alargados, picudos y salientes dientes, semejantes a las teclas desniveladas de un piano, y le conferían a su rostro una sonrisa sempiterna. El muchacho era muy popular entre los jóvenes, de algunos de los cuales había recibido más de una reprimenda y más de un pescozón por llevar a la práctica su deporte favorito en la persona de alguna hermana, prima, amiga o novieta. No obstante, salvo estos pequeños amagos de contacto manual con las partes traseras de alguna chica, no era para nada peligroso y sí bastante sociable. Se contaba en los mentideros de la ciudad que una vez se cruzó con tres muchachas a las que, dada su tendencia enamoradiza, no dejaba de mirar y piropear con la cabeza vuelta para atrás, lo que le impidió ver el saliente de una ventana, que estuvo en un tris de echar abajo de un cabezazo. Se quejaba del dolor con grandes gemidos y aspavientos y gritando incesantemente: «Eso ha 'sío' por 'migar', por 'migar'», frase repetida hasta la saciedad, lo que le costó ser rebautizado con un apodo sobreañadido, «el Migón». Contaban también que, cada vez que se encontraba con alguna de aquellas muchachas, se echaba mano a la cabeza con gesto de dolor y repetía de continuo: «Por 'migar', por 'migar'».

¡Cómo le hubiese gustado a Miguel haber tenido una pizca de la incons-ciencia del chaval para poder haber vencido la timidez que lo había apartado de Laura! De haberla tenido, probablemente hoy no se vería en esa situación de desaliento.

Aprovechando que se había quedado sin tabaco, lo utilizó como excusa para regresar a su casa. No le apetecía nada estar con los amigos sabiendo que Laura no aparecería. Además, sentía unas enormes ganas de llorar y, de haberse sentido con fuerzas, habría buscado una ventana con saliente para darse cabezazos contra ella, como Pepe, pero esta vez lo haría de forma voluntaria y merecida.

—Adelantaos vosotros —les pidió—. Voy a comprar tabaco. Ahora vuelvo.

Se marchó de allí con los ojos brillantes y el corazón opaco. Y no regresó ni ese día ni el siguiente. Nunca más volvió a pisar el parque en el corto espacio de tiempo que pasó en la ciudad.

Sin la presencia de Laura, las calles, las plazas, el parque, todo el entor-no en suma, se había trasformado en un cementerio y, aunque se sentía un muerto viviente, un rayo de lucidez le bastó para evitar arrastrar su desdicha entre conocidos. Le urgía salir de allí, hacia otro lugar, en el que los recuerdos no estuvieran tan vivos, un lugar que no le trajese a la memoria ni su imagen ni su aroma, donde nadie lo conociera y no se viera forzado a disimular su abatimiento. Y así, de la noche a la mañana, tomó la decisión de poner tierra de por medio y adelantar su viaje a Salamanca, donde ya estaba previsto que empezaría sus estudios de Medicina.

Su padre, salmantino de nacimiento y castellano de pura cepa, había pedido traslado a la tierra de sus ancestros para que sus cuatro hijos pudieran estudiar, como lo hiciera él, como lo hiciera su padre, y el padre de su padre y varias generaciones de Jáimez, en su prestigiosa universidad. Había que seguir la tradición y, a pesar de que ellos no se establecerían allí hasta bien pasada la Navidad, Miguel iría a casa de los abuelos paternos una vez iniciado el curso. La decisión de marcharse anticipadamente fue muy bien acogida por la familia; de esta forma, al tiempo que se ambientaba, ayudaría a gestionar todo lo relacionado con el traslado.

Y partió otra mañana calurosa de aquel verano hostil hacia su nuevo destino, con el convencimiento contumaz de que todo su pasado era ya historia y tenía que quedar enterrado allí, bajo los muros invisibles de aquella ciudad, en la que tanto había querido, en la que tanto había soñado, en la que tantas esperanzas albergara. Su voluntad, lo único que le quedaba para seguir viviendo sin Laura, tenía que triunfar. Era su única arma para superar el fracaso. Mediado julio, se subió al tren sin echar una última mirada a esa tierra, que se había propuesto no pisar nunca más, y se marchó con la mirada fija en el paisaje que se iba revelando a su paso. Si bien, su mente se agazapaba díscola entre escenas de un pasado que ya no regresaría.

Las hileras de olivos del campo andaluz corrían al compás del tren, que las despedía con silbidos roncos al tiempo que abría con ganas sus metalizados brazos al desfiladero de Despeñaperros para darle la bienvenida a la vasta llanura manchega. De tarde en tarde, viejos molinos de viento se alzaban en la distancia, poniendo una nota de ensueño en el paisaje tantas veces recorrido por Don Quijote. Miguel cerró los ojos y no pudo evitar ver a Alonso Quijano arremeter contra ellos, como si de gigantes se tratara. No contra ellos, pero sí contra los monstruos de sus atormentados pensamientos hubiera querido luchar con la misma fe que el Caballero de la Triste Figura. Eso precisamente es lo que anhelaba ser, un personaje de ficción para pedirle a su creador una nueva oportunidad con el fin de recomponer sus pasos, de deshacer sus entuertos, como hizo Augusto Pérez[10] ante Unamuno. Pero la vida seguía a ritmo vertiginoso, con la misma velocidad de la máquina que lo conducía hacia un futuro incierto.

---

10   *Personaje de la novela Niebla* de Miguel de Unamuno, 1914

Abrió los ojos y miró de nuevo el parque, buscando en vano la figura menuda de Pepe, apoyado sobre los muros de la puerta que daba a la avenida, como una prolongación más de su estructura. Pero treinta años eran muchos años para que las cosas y las personas se mantuvieran inmutables. ¡Quién mejor que él podría saberlo! ¡Eran demasiados años! ¡Casi toda una vida! La vida que se le había escapado por la ventana y ya no habría oportunidad de rescatarla. Así de leve era el ser, sin posibilidad de retorno para poder remediar errores. Volvió a sentir en lo más profundo de sus entrañas el punzón lacerante del abatimiento y el intrincado laberinto de su impotencia sin Ariadnas solícitas, que acudiesen en su ayuda para encontrar una salida. «Si el tiempo se repitiera, si retornarse eternamente, tal vez pudiera encontrar la ocasión de enmendarlos; en cambio, sin esa contingencia, cualquier esfuerzo para remediar el pasado será fallido. Lo que pasó, pasó. Intentar recuperarlo es una falacia», se dijo.

En la calle, la clara luz de la mañana seguía reverberándose en la enjalbegada fachada de aquella casa familiar, que había sido testigo mudo de su niñez y de su juventud. Ni la luz translúcida del Mediterráneo ni la sombría claridad de la monumental Salamanca habían podido desbancar en hermosura la imagen luminosa, alojada en su retina, de esa ciudad, tan cerca siempre de su corazón y, a la vez, tan lejana.

Por un momento su espíritu se sosegó, al tiempo que una idea potente y obsesiva lo iba invadiendo. Tenía que hablar con Laura. Tenían que verse. Ambos se lo debían. Se debían, al menos, una conversación. Ese encuentro necesario tenía que producirse. Ahora sí, ahora que ya conocía el alto precio de las indecisiones, pondría todo su empeño en que ese encuentro tuviera lugar cuanto antes. El destino estaba en deuda con ellos y él le iba a exigir el pago.

Cuando estaba a punto de entrar en el interior de la vivienda, oyó su nombre. Se giró y se encontró de frente con unos ojos vivarachos y familiares en un cuerpo desconocido al que le costaba poner nombre. Hizo un enorme esfuerzo para retroceder en el tiempo, aplicándole un *photoshop* apresurado a aquel hombre corpulento, que, sin duda, había sido un personaje más de su pasado.

—Buenos días, Miguel. Soy Javier, Javier Naranjo. No creo que me recuerdes. Hace siglos que no nos vemos. Fuimos amigos en la niñez y compañeros de colegio —lo saludó mientras extendía la mano.

—¿Qué tal, amigo? ¡Cuánto tiempo! —Alargó la suya y estrechó con fuerza aquella mano rugosa, marcada por la dura faena del campo.

—Bien, muy bien, aunque ya ha llovido desde que nos vimos por última vez. A tus padres y a tus hermanos los seguí viendo. Ellos nunca dejaron de visitarnos. Les gustaba esta tierra. Por ellos he sabido de ti. Y por Juanito, que se ha hecho de los nuestros. Tú te perdiste en tierras norteñas y no quisiste saber nada más de tus amigos del Sur —le soltó con esa socarronería propia del campesino andaluz.

—Sí, Javier, me perdí —confirmó—. Nunca mejor dicho, pero así es la vida. Nos atrapa y nos lleva por donde quiere para acabar secuestrándonos. Ya tenía ganas de volver, aunque haya sido demasiado tarde.

—¿Sigues en Barcelona? Me enteré por Juanito de tu accidente. Una fatalidad. Pero te encuentro muy recuperado.

—Allí sigo. Más recuperado, sí, pero sin poder volver a operar. No he conseguido recobrar la movilidad de la mano derecha. Y en estas condiciones es imposible seguir con mi trabajo, aunque tengo que estar contento. Por lo menos salvé la vida, pero mi hijo salió malparado, aunque con la fisioterapia se va recuperando. Eso sí, muy lentamente.

—No sabes cuánto me alegro. Eso es lo que ya importa, seguir vivitos y coleando —sentenció Javier con la clara intención de cambiar de tema—. Por cierto, vengo a ver si llegamos a un acuerdo sobre la casa. Hablé con tu hermano y me dijo que estarías hoy aquí, que me entendiera contigo. ¿Quieres que vayamos a tomar un café mientras tratamos el tema?

—Claro que sí —afirmó Miguel—. ¿No deseas antes entrar y comprobar el estado en el que se encuentra?

—No. No es necesario, Miguel. La conozco bien. Acuérdate de las veces que jugué en tu patio. Además, ya me la enseñó Juanito cuando decidisteis venderla. Es perfecta. Lo que buscaba. Se casa mi Javier en breve, ¿sabes? Y como se queda en el pueblo, quiero regalarle la vivienda. A los jóvenes que no abandonan el campo hay que premiarlos —le dijo mientras tocaba el brazo de Miguel en un gesto cómplice.

Los dos hombres se dirigieron hacia el Llano, buscando uno de los numerosos bares diseminados por toda la plaza, en cuyas entrañas venían a nacer o a morir varias calles, que apuntaban en todas las direcciones de la ciudad.

—¿Quieres que demos una vuelta por el pueblo? —le propuso amablemente Javier, una vez que terminaron de hablar de los pormenores de la transacción—. Así podrás recordar los años que viviste con nosotros —añadió.

—Sí, claro. Me encantará. Llegué anoche y no me ha dado tiempo a ver nada.

—Vamos a empezar por el colegio. No sé si sabes que se construyó otro nuevo en las afueras. El antiguo solo se conserva como convento para las monjitas, aunque la iglesia ya no está abierta al culto.

—No, no lo sabía. Pero vamos a ello. Me apetece verlo todo.

Subieron una cuesta poco pronunciada y giraron a la derecha para acceder a la arteria principal, una calle estrecha y alargada que desembocaba en la zona norte de la ciudad. En un determinado momento, Javier señaló con el dedo la fachada de una casona antigua de dos plantas, cuya puerta, enmarcada en cenefas de mármol, mostraba un escudo familiar. Dos enormes ventanas con salientes custodiaban el león coronado del blasón, situado en el mismo centro del dintel de un robusto portón de roble. Sobre él, una colosal balconada en hierro forjado, sujeta en su base por soportes a vista, también de hierro, quitaba protagonismo a dos ventanas, más altas que anchas, recubiertas por celosías de la misma madera que el portón y festoneadas por el mismo mármol.

—¿Recuerdas de quién era esta casa? —le preguntó.

—Claro que lo recuerdo. ¡Buenos sustos nos daba! Era la casa del Ogro. ¿Vive aún?

—Sí. Aún vive. Pero cuando se jubiló, vendió la casa y se marchó a la capital. Todavía recuerdo el último incidente contigo. Aquello fue apoteósico. No se me olvidará nunca lo blanco que te pusiste. Tan blanco como esta pared —le dijo, tocando con la mano la fachada encalada y resplandeciente de una vivienda—.

Nunca quisiste contarnos qué hiciste para enfadarlo tanto. Y eso que a ti te guardaba el aire.

—¡Cualquier tontería! El Ogro no necesitaba pretextos para saltar. Saltaba por lo más insignificante. Era buen profesor, pero muy desagradable; sin embargo, los que lo trataban en el casino tenían una estupenda opinión de él. Mi padre lo estimaba mucho. Me decía que tenía una gracia única para contar chistes.

—Sí. Eso tengo oído, pero con nosotros era un auténtico hijo de puta. A mi cuñada Carmen, ¿te acuerdas de ella? Se casó con tu amigo Carlos. —Miguel asintió con la cabeza—. Le tenía la guerra declarada. Tuvo que matricularse en el instituto para poder aprobar Inglés. Sus risotadas no las aguantaba.

Al pasar el paredón que se levantaba sobre una de las filas de la calle, empezó a divisarse en el cruce de otras dos, mostrándose tímidamente, la espadaña de la iglesia del colegio.

—Mira, ¡ahí tenemos el colegio! —exclamó Miguel—. ¡Cuántos recuerdos!

Antes de que Miguel pudiera doblar la esquina para tomar la calle empinada, que los conduciría a las puertas del colegio, su anfitrión lo cogió del brazo y lo dirigió hacia una callejuela, también pendiente, que bajaba a la parte más llana y abierta de la ciudad.

—¿Y aquí? ¿Recuerdas quién vivía aquí? —preguntó mostrando con la barbilla otra casa de paredes blancas, de la que sobresalía en la primera planta un amplio mirador, escoltado por dos inmensos balcones.

—Sí, lo recuerdo. Aquí vivía nuestra compañera Laura, Laura García —le dijo intentando controlar la emoción que el simple hecho de pronunciar su nombre en voz alta le producía. Traspasar la barrera del silencio, en la que lo había apresado tanto tiempo, lo inquietó.

—Era muy guapa la chica. A ti se te veía mucho con ella. Se notaba que te gustaba.

Miguel se quedó sorprendido. Tanto tiempo tratando de disimular sus sentimientos y resultaba que hasta el bueno de Javier se había dado cuenta. Inmediatamente reaccionó para salvar los muebles.

—Era una chica muy guapa y alegre, ¿a quién no iba a gustarle?

—Es cierto —afirmó Javier—. A mí me gustaba, pero nunca me dejó que le tirara los tejos. Y mira que me insinué, pero pasaba de mí a las claras. Desde que se fue a Francia ha venido muy poco por el pueblo. Siempre en ocasiones contadas. Hace poco estuvo aquí para traer las cenizas de su madre.

—¿Ha muerto la madre? ¡Vaya! No sabía nada.

—Sí, se ha quedado sola en París. Su hermano quiere que se venga para España. Su hermano Pablo, ¿te acuerdas de él? Se casó con una chica del pueblo y viene mucho por aquí, aunque vive en la capital.

Miguel volvió a asentir con la cabeza y continuó preguntando.

—¿Y cómo se encuentra ella?

—Muy bien. Ya madurita, porque los años no pasan en balde, pero mejor conservada que nosotros, que lo que hemos ganado en carne lo hemos perdido en pelo —volvió a sentenciar mientras se sonreía—. Sigue manteniendo su figura, su melena ondulada y su cautivadora sonrisa, pese a que la vida sentimental suya ha sido un auténtico fracaso, según dicen. Además, es una eminencia en eso de la traducción.

Miguel no quiso saber mucho más sobre el recorrido sentimental y profesional de Laura, y sólo preguntó:

—¿Tienes su teléfono o su dirección electrónica? Me gustaría darle el pésame.

—No, yo no, pero mi cuñada Carmen, sí. Ahora la llamo y te lo consigo. Hazme una perdida para que pueda mandarte un wasap.

Una vez acabado el recorrido, volvieron de nuevo al Llano y a la altura de la iglesia de Guadalupe, Javier se despidió:

—Miguel, en cuanto hable con mi cuñada, te envío el mensaje con el número. Ya quedamos nosotros para terminar el trato. ¿Vas a estar muchos días por aquí?

—Sí, algunos estaré, pero mañana iré a la capital a ver a Juanito.

—Vale. Dale recuerdos, aunque supongo que lo veré en Semana Santa. Vendrá como cada año a tocar el tambor. Es «colinegro», como yo —detalló con orgullo.

—Ya lo sé, y de los apasionados. De pequeño ya apuntaba maneras. Siempre andaba con el tambor de aquí para allá. ¡Buenos conciertos nos daba en casa! Mi madre esos días consumía las aspirinas a toneladas.

—Así es, Miguel —confirmó Javier, riéndose a mandíbula batiente—. Ese era y ese es el propósito, que suene bien y no parar de tocar. En la mía, aún se me quejan cuando me da por ensayar, pero es lo que hay. ¡Bueno! Lo dicho. Nos vemos.

—Muy bien, Javier. Nos vemos. Y no te olvides del teléfono —insistió.

Miguel enfiló la avenida deseoso de llegar a su casa. Tenía una necesidad imperiosa de revisar a conciencia sus libros, sus papeles, sus discos, todo lo que formó parte de su pasado y que ahora necesitaba con urgencia. Una vez dentro, abrió la puerta del salón y se fue derecho al mueble, donde descansaba en silencio el equipo de música que su padre, un gran melómano, había adquirido apenas salieron al mercado los primeros modelos. Tras la puerta de cristal ahumado, se adivinaban perfectamente alineados los discos de vinilo propiedad de toda familia. En la estantería diseñada para contenerlos se codeaban mano a mano Mike Oldfield con Sabina, Mozart con Parchís, Plácido Domingo con Alaska, Elvis Presley con Los Secretos, todos ellos conviviendo en callada y feliz armonía. Tras comprobar que el rimero de discos seguía manteniendo intacto el orden cronológico riguroso, establecido y dictaminado por su progenitor, rebuscó en la década de los ochenta.

La guitarra de Mark Knopfler, National Style-O, ilustrando la portada, delató la presencia del LP, objeto de su pesquisa. Era el quinto álbum de los Dire Straits, *Brothers in Arms,* publicado en mayo de 1985. Lo compró en cuanto se puso a la venta. No pasó ni un solo día desde que lo adquiriera, en el que dejase de escuchar una y otra vez cada uno de los temas. Despúes vendría el olvido intencionado y la determinación de no volver a escucharlo nunca más. Sin embargo, ahora necesitaba con todas sus fuerzas refugiarse en los brazos del recuerdo y envolverse con la bruma nostálgica y embriagante de una de sus canciones. En la cara A, ocupando el último puesto de la lista, aparecía, durmiendo apaciblemente en los surcos negruzcos y enigmáticos de su memoria, la balada que lo iba a llevar a recuperar todos sus sueños perdidos, la que se habría convertido en el himno de su amor por Laura, la que tantas veces había deseado poder susurrarle al oído si el destino no se hubiera ensañado con ellos.

Extrajo el disco de la carpeta, lo acarició con mimo, lo depositó en el plato y dejó caer sobre él la aguja del tiempo. Los gemidos de la guitarra, quejosos y esperanzados, se confundían con el rumor afónico y excitado de su alma.

El aviso del móvil lo hizo volver a la realidad. Vio los 14 dígitos que lo separaban de Laura, y no se lo pensó dos veces. Marcó uno a uno cada número como si le fuera la vida en ello, como si con esos leves toques arrancase también una a una las espinas enquistadas en su corazón, reconciliándolo con el destino. Tras el último número, una voz le hizo desenterrar en un instante todo el alud de sentimientos de un pasado que el tiempo había sepultado. Sin embargo, en ese momento ya solo le importaba el presente, y el presente sí era de ellos.

—¿Laura? ¿Laura García?

—Sí, soy yo.

5. El reencuentro

Era lunes, un plomizo y tedioso lunes de setiembre, un día más, pero no era un día cualquiera. Laura acababa de comprar el billete de avión que la llevaría de regreso a España y que le abriría la puerta a su ansiado reencuentro con Miguel.

Faltaban dos días, cuatro horas y veinte minutos para que el avión rumbo a Barcelona despegase del aeropuerto de Orly, y aunque ya había tenido la cautela de analizar los pros y los contras de ese anhelado y, al mismo tiempo, temido viaje y la decisión había sido tomada, no pudo evitar que una inquietud perturbadora la invadiera una vez terminada la gestión de la compra. ¡Quería verlo! ¡Necesitaba verlo! Eso era incuestionable. Sabía que no podría seguir avanzando en la vida sin ese reencuentro con Miguel, sin mantener cara a cara una conversación, sin comprobar si los sentimientos que la embargaban eran reales o solo obedecían a una idealización extrema, que el tiempo y sus propios fracasos de pareja se habían encargado de sublimar, convirtiendo ese amor en todo un ídolo de barro. Tenía que saber perentoriamente si Miguel continuaba siendo el hombre de sus sueños; sin embargo, y pese a la categórica convicción de que el encuentro debía tener lugar, era incapaz de dominar ese desconcertante desasosiego que, como un alfiler agudo, no cejaba en su empeño de aguijonearla con mayor o menor intensidad. Algo de temor le provocaba reencontrarse con él y eso no podía negárselo por más que buscara miles de excusas.

Ignoraba qué clase de hombre sería hoy, pese a que el contacto de los últimos tiempos apuntaba a la misma persona de su juventud, mucho más experta, más curtida y más locuaz. Pero le inquietaba la reacción de ambos cuando se vieran frente a frente. Treinta años de total alejamiento eran muchos años. Y el tiempo deja rastros indelebles. Con todo, lo que realmente atenazaba su espíritu no era otra cosa que perder el control ante su presencia, porque Miguel, su Miguel de juventud, ni era libre ni lo sería. Las circunstancias de su vida actual así lo indicaban. No obstante, habían sobrepasado con creces la etapa de adultos y se les suponía con la suficiente experiencia para saber cómo moverse en arenas movedizas. Aun así, temía que el remedio fuera peor que la enfermedad. ¿Tendría fortaleza para hacerle frente a las consecuencias?

Había sido educada en un sistema de libertad, donde primaba la lealtad por encima del engaño, donde los triángulos amorosos quedaban muy lejos de su horizonte personal y ético. Para ella una relación amorosa era cosa de dos. No cabía nadie más. Una relación tenía que abrir barreras hacia la libertad, en ningún modo levantarlas y, por supuesto, solventar problemas y no crearlos. Jamás salió con nadie emparejado y jamás lo haría, ni siquiera tratándose de Miguel. Nunca fue la otra y nunca lo sería. Lo tenía todo a su favor para no caer en la tentación de dar cualquier paso en falso, cualquier paso que la llevara a una situación irreversible. Era consciente de que debía andar en ese encuentro con pies de plomo, pero no las tenía todas consigo. Le preocupaba sobremanera flaquear y acabar encadenada para siempre, igual que un galeote, a la galera de lo prohibido.

Inmersa en sus pensamientos, se sentó en la vieja mecedora de su madre, cogió el bloc de notas, que descansaba sobre la mesa, y se puso a revisar las frases escritas en las dos columnas verticales perfectamente compartimentadas, donde días atrás recogiera en una lista, como venía siendo costumbre desde su niñez, las ventajas y desventajas de ese encuentro. Ahora necesitaba convencerse de que la elección era la adecuada. Necesitaba no dejar ningún resquicio para la duda.

Fue la abuela María, maestra rural y convencida seguidora de las ideas de la Montessori[11], la que le inculcó, ya desde pequeña, la obligación de decidir libremente, por sí misma, y de responsabilizarse de las consecuencias, positivas o negativas, que proviniesen de la elección llevada a cabo. Creía firmemente que la independencia era el primer puntal para la libertad. Por tanto, consideraba de suma importancia guiar las primeras manifestaciones activas de sus alumnos y de sus nietos con actividades que las fomentasen.

Su abuela, «¡qué ser más entrañable y qué mujer más adelantada a su tiempo! ¡Una gran pedagoga!», pensó, sintiéndose orgullosa de que hubiera llevado a la práctica, en un medio y en una época tan desfavorables, una pedagogía que en el sistema educativo actual tanto se valoraba. Como Montessori, su abuela confiaba con fe ciega en la educación integral y en la necesidad de que el alumno fuera madurando ya desde corta edad, aprendiendo a tomar sus propias decisiones para asumir con responsabilidad

---

11   María Montessori (1870-1952) fue una educadora, científica, médica, psiquiatra, filósofa, psicóloga, devota católica, feminista y humanista italiana, creadora del método Montessori.

los resultados de sus actos. Y así les fue imbuyendo a ella y a su hermano esos principios, con el fin de que pudieran convertirse, sobre todo, en personas capaces de gobernar su propia vida. Por eso, cuando apenas cumplidos los siete años se presentó un día en su casa hecha un mar de dudas, porque no tenía claro si comprar o no un regalo para una amiga ante su próximo cumpleaños y la fiesta anunciada, a la que ignoraba si sería invitada, la abuela María comprendió al instante su estado de tribulación y le alargó una cuartilla y un lápiz, y la invitó a reflexionar y a escribir los motivos por los que creía que debía o no hacerlo. Después la instó a leerlo y a tomar la determinación oportuna. Cuando leyó lo escrito y decidió comprarlo sin importarle el beneficio o perjuicio de su acción, la abuela añadió:

—Te salga bien o te salga mal, tendrás que arrostrar las consecuencias de tu decisión, Laura. Tú has de ser libre para dirigir el timón de tu vida, pero tomes el rumbo que tomes, en buena o mala dirección, siempre será tu responsabilidad. Tuya y de nadie más. No lo olvides nunca —le dijo con autoridad.

Nunca lo olvidó y siempre que se enfrentaba a una decisión trascendente cogía una cuartilla, tomaba un bolígrafo y se ponía a recoger por escrito los pros y los contras, tal y como le enseñara la abuela. Lo mismo hizo cuando a sus dieciocho años, sintió en lo más íntimo la necesidad de declararse a Miguel. Aun sabiendo que el hecho estaría mal visto en un ambiente pueblerino y retrógrado, culminó la empresa. Bien era cierto que había salido malparada, pero también era verdad que tuvo la fortaleza necesaria y las agallas suficientes para afrontar todo el sufrimiento devenido sin que su vida se hubiera desmoronado del todo. Ella ya había pagado un alto precio por su osadía, pero había salido airosa. Y aquí se hallaba ahora, como una mujer nueva, a punto de plantarle cara a aquel ayer perdido, conocedora de lo que estaba en juego y con sobrada capacidad para asumir el riesgo.

Instintivamente miró hacia la estantería, en la que aparecían dispersas y perfectamente enmarcadas varias fotografías, en un intento de localizar la cara familiar. Allí, en su santuario de manes, como solía llamar a aquel rincón, se exponían los rostros de sus seres queridos, ejerciendo la divina misión de proteger su hogar y avivar materialmente su recuerdo. Pronto la descubrió en su foto favorita. La había tomado su padre en el parque del pueblo con su vieja Polaroid justo al lado del árbol del amor. Delante de las flores rosas y acorazonadas, que ornaban su copa, destacaba la figura completamente enlutada de una señora sexagenaria, escoltada por dos pequeñajos: su hermano y ella. Su estampa, estilizada y elegante, no hacía sino reflejar la grandeza de un espíritu afable, abierto, fuerte y generoso, que traspasaba la pupila penetrante de unos ojos grandes y almendrados, profundamente negros, tan negros como el traje camisero que vestía, casi un hábito, desde que falleciera el abuelo.

—Ya ves, abuela, cuánto peso han tenido tus enseñanzas. Aquí me tienes de nuevo con el lápiz y el papel, y ante un nuevo desafío —expresó en voz alta, como si su destinataria pudiera oírla.

Volvió sus ojos al bloc y detuvo su mirada en unas palabras marcadas en rojo. Era un motivo inexcusable por el que aquel encuentro tenía que llevarse a cabo forzosamente: «Nos lo debe el destino», razón más que suficiente para desbancar todos los contras de la lista. «Nos lo debe el destino», se repetía una y otra vez de manera incansable. «Nos lo debe el destino».

Dejó la libreta en la mesita, colocó sobre ella muy cuidadosamente el bolígrafo, se levantó y se dirigió segura y resuelta al dormitorio. Cogió una escalera, que guardaba en uno de los huecos del armario, la desplegó, subió los peldaños y abrió las puertas superiores de aquel enorme armatoste. En el altillo, bien ordenadas, se hallaban varias maletas. Estuvo sopesando durante unos segundos cuál sería la adecuada. Eligió la mediana. Descendió de la escalera, apartó la colcha de la cama y la dejó caer sobre ella. Ahora le tocaba la ardua tarea de decidir qué llevarse. En principio pasaría un mes en España. La primera semana estaría en Barcelona. Su amiga Nuria la había invitado a su casa y le había concertado una cita con el responsable del equipo de traducción de la editorial en la que ella trabajaba. Era el primer paso para acercarse a su familia, como le prometiera a su querida madre en el lecho de muerte.

Sin pensárselo dos veces, y para evitar cargar con más equipaje de la cuenta, llamó a Nuria.

—Digui'm —resonó la voz de su amiga al otro lado del auricular.

—Nuria, soy yo, Laura.

—¿Qué tal, cariño? ¿Vendrás pronto? ¿Has sacado ya el billete? ¿Cuándo nos veremos? —le lanzó la batería de preguntas sin apenas respirar.

—Bien, Nuria. Sí. Acabo de comprarlo. Ya lo tengo en mis manos. Llegaré el miércoles sobre las 21:30 horas. Eso sí, si no sale el vuelo con retraso —la advirtió.

—¡Estupendo! A esa hora me tendrás esperándote como un reloj —aseveró su amiga con contundencia.

—No, no hace falta que vayas a recogerme. Tomaré un taxi y me iré directa a tu casa —aseguró en el mismo tono.

—Cariño, ya sabes lo inflexible que soy para estas cosas. Te pongas como te pongas, te recogeré yo y de allí nos iremos directamente a cenar. No te esfuerces en disuadirme. Ya está decidido.

—Pues no voy a ser yo quien te lleve la contraria, que ya nos conocemos y sé cómo te las gastas —añadió burlonamente.

—Laura, tú escucha, escucha. Sé que vas a aplaudir mi plan y que te va a gustar. Ya está todo programado. Voy a reservar mesa para esa noche en algún restaurante de la Villa Olímpica, cerca del mar, para que te reencuentres con el Mediterráneo y podamos conversar tranquilamente, oliendo a mar y al son de la cadenciosa melodía de su murmullo, como en los viejos tiempos. Tenemos mucho que contarnos.

—Claro que lo aplaudo. Me gusta, y mucho. Una buena ocurrencia, Nuria. Hace ya más de un año que no he vuelto a sentir su aroma. Me va a venir de perlas un poco de relax. El mar me ayudará a serenarme. ¡Falta me va a hacer! —exclamó con ganas.

—¿Tan estresada te encuentras? —preguntó su amiga—. Si es por la entrevista, no te preocupes. Te has metido a Balaguer en el bolsillo. Conoce al dedillo todos tus trabajos de traducción y es un entusiasta de tu forma de hacer. Tu labor con la novela de Juanjo Millás le ha encantado. ¡Lo tienes subyugadito, hija!

—No, Laura, no es por la reunión. No me preocupa demasiado, aunque me gustaría poder trabajar con vosotros. El proyecto me tiene muy ilusionada. Es por Miguel. Sabe que voy a

Barcelona y quiere verme. Yo también lo deseo, pero me asaltan viejos temores.

Por unos segundos, el silencio se convirtió en protagonista absoluto de la escena, desplegando un manto de confidencialidad y misterio.

—Laura —la apeló la amiga en tono íntimo.

—Dime, Nuria.

—¿Todavía andamos con esas? ¿No has aclarado aún tus sentimientos? —le preguntó sin andarse con rodeos.

—Sí, Nuria, todavía andamos con esas. Y no, no los tengo claros. Esto es lo malo y lo que me inquieta. Hay días en que pienso que lo mejor es olvidarme de una vez de Miguel, pero otros…, otros siento que lo sigo amando como antes, como si se hubiese detenido el tiempo en nuestros años de juventud. Tengo una sensación rara, como una adolescente en su primera cita. Estoy igual de boba, créeme, en una segunda edad del pavo, Nuria.

Nuria lanzó una sonora carcajada, mientras Laura seguía revelando sus sentimientos.

—Sí, tú ríete, ríete, pero así es como me siento, en la edad del pavo y totalmente arrobada. Hasta creo que me ruborizo. Últimamente estoy ahorrando mucho en colorete —afirmó también entre risas—. Es inaudito, Nuria. He vuelto a revivir aquellos momentos de felicidad absoluta, donde todo era posible… ¡todo! No sé cómo reaccionaré cuando lo tenga delante, no lo sé. Hemos intimado más de lo que yo hubiese querido. Mucho más —añadió suspirando—. Pero quiero verlo, quiero verlo, aunque sea lo último que haga en mi vida. No estoy dispuesta a estrangular más este deseo. Ya no —aseveró con total convicción.

—Ya, ya veo. Lo tuyo no tiene remedio, Laura. Pero ten en cuenta que nada será ahora como pudo haber sido. Lo tienes claro, ¿verdad, cariño? Mira que no me fío de ti. No quiero que salgas de este encuentro con nuevas heridas. Te estimo demasiado y me resisto a verte de nuevo hundida emocionalmente.

—Nuria, no te preocupes por eso. Antes estaba perdida, desorientada. Ahora, no. Sé lo que hay y sé lo que quiero. Ya no habrá heridas que curar.

—Esperemos que no —deseó su amiga.

—Tranquila, Nuria. Confío en ello. Cuando empezamos a comunicarnos, tuve muchos recelos y luché conmigo misma para eludir los temas más espinosos de nuestro pasado, ¿sabes? Me resistí con todas mis fuerzas a traspasar la delgada línea roja, pero me habló de la carta, de la carta en la que me declaré, ¿recuerdas?, y acabé traspasándola. Muy a mi pesar, pero la traspasé. Y es que él nunca supo de su existencia hasta hace apenas unos meses. ¿Te lo puedes creer? Siempre pensó que yo no lo amaba y que me vine a París para evitar decírselo. ¡Es incomprensible, Nuria! Nos hemos pasado los años huyendo uno del otro, jugando al ratón y al gato, y pensando todo lo contrario de lo que sentíamos. ¿Ves, amiga, las trapisondas que nos puede jugar el destino?

—Ya, Laura. Esta puñetera vida que se va tejiendo con una cadena de casualidades imprevisibles, pero con vosotros dos, amiga, con vosotros dos, esas casualidades han rizado el rizo. Os jugaron una mala pasada. ¡Menuda putada! El destino ha sido un auténtico cabronazo. ¡Un cabronazo! Habéis sido peleles en sus manos y en las de vuestra propia inseguridad. ¡Con lo fácil que pudo haber sido entonces si hubieseis hablado!

—Sí, sí, ¡claro! Hemos perdido toda una vida y no la recuperaremos. Pero éramos unos críos, demasiado inseguros y demasiado perdidos. Compréndelo. Y por medio estaba el orgullo, el suyo y el mío, y los prejuicios y las inseguridades. Una batalla con muchos enemigos. Y la perdimos. Pero en estos momentos, si de algo estoy segura es de que deseo verlo sin más. Y lo deseo ardientemente. Necesito verlo, Nuria. Lo necesito —repitió con ímpetu.

—Pues, adelante, cariño, pero no te metas en la boca del lobo. Miguel es un hombre de valores y principios, y tú lo sabes. No en vano me has dicho muchas veces que eso te enamoró de él. Muchas veces. Haz lo imposible para que no te salpique demasiado lo que hagas. No quiero que salgas como gato escaldado y vuelvas otra vez a paralizar tu vida —le aconsejó.

—Ya, ya. Si lo sé y en ello estoy, pero es demasiado fuerte esta necesidad, Nuria. ¡Demasiado fuerte! Puede con mi razón. Ya no voy a permitirme ser tan cruel conmigo misma. Al menos, ahora sé el terreno que piso. No habrá ninguna sorpresa ni ningún malentendido. Ha llegado el momento en que me enfrente a la verdad —aseveró con mucha intensidad, como intentado convencerse.

—¿Has quedado ya con él?

—Todavía, no. Sabe que iré esta semana y quiere que almorcemos juntos. Luego le escribiré a ver si es posible que nos encontremos el jueves. ¿Ves, Nuria?, pienso en ese encuentro y ya vuelvo a inquietarme. Como siga así, voy a tener que sedarme y te lo digo muy en serio —afirmó taxativamente.

—Pues nada. Te tomas una tila, o dos o tres o las que hagan falta y te lanzas a la lidia con el ánimo aplacado. No te va a faltar faena. Aunque nosotras somos mujeres muy baqueteadas y podemos con todo —manifestó entre risas.

—Gracias por el consejo, guapa. Lo seguiré. En realidad, mi llamada es para algo más trivial. Estoy preparando la maleta, y como está la climatología tan cambiante, no quiero ir cargada con ropa innecesaria. Ya me conoces. Empiezo a meter prendas por si esto o por si lo otro, que al final no sirven sino para estorbar.

—Que si te conozco… ¿qué me vas a contar? Nunca olvidaré el paseo por Berlín cargando las dos con aquellas maletas mastodónticas en plan estibador. Llevábamos ropa para todas las estaciones del año e íbamos a pasar allí una semana. ¡Buenos bíceps se nos pusieron! —exclamó sin dejar de reírse.

—Pues sí, pero lo pasamos muy bien en Berlín con la carga a cuestas y todo. ¡Qué tiempos! Bueno, Nuria, antes de que nos dispersemos, a lo que iba, ¿cómo anda el clima por ahí? ¿Necesitaré prendas veraniegas? —preguntó con mucho interés.

—Hace un tiempo nada otoñal. Echa algo de verano, porque durante el día sigue haciendo calor. Ya sabes, como comentamos siempre, varias capas. Hay que salir con varias capas para encebollarte y desencebollarte cuando la situación lo exija —adujo sin parar de reír—. Y un biquini, que aún podremos aprovechar algún día de playa.

—Ya veo… Con esa imagen tan plástica acabas de despejar mis dudas —afirmó, riéndose también—. Te escribo si surge algún imprevisto.

—Laura, que no se te olvide que la cita la tienes el jueves a las 10:00 en la sede del Grupo Editorial, en la Avenida de la Diagonal.

Ya te pasaré la dirección por wasap. Yo no podré acompañarte. Tengo la reunión con Paul Auster[12] y su editor a esa misma hora en el Majestic. ¿Te dije que queremos traducir su obra al catalán?

—Sí, me lo dijiste. ¿Todavía no habéis cerrado el contrato?

—Está a punto de cerrarse. Quedan flecos sueltos. Perfilaremos algunos detalles y en breve tendremos a nuestro admiradísimo autor estadounidense entre nosotros.

—¡Cuánto me gustaría poder conocerlo! Soy una apasionada de su obra, de toda su obra, pero sobre todo de *El libro de las ilusiones*[13]. Me ayudó bastante su lectura. Estoy en deuda con él.

—Sí, claro. La repentina muerte de tu padre fue un trago que nos costó digerir a todos los que lo quisimos. Y tú, cariño, cargaste con la peor parte. Pero a nosotras siempre nos quedan los libros. Ellos nos han ayudado a superar los baches. Somos así, hija, unas fanáticas de lo nuestro. Nuestro trabajo es nuestra terapia. Tenemos esa suerte —apostilló—. Si terminas con tiempo de la reunión, pásate por allí y te lo presento.

—Ya veremos. De todas formas, he pensado irme andando a cualquier restaurante del Paseo de Gracia. En alguno de ellos quedaré con Miguel. Seguramente en La Taberna del Cura. Cerca de allí tiene su consulta. Será un buen lugar para vernos. Además, a mí me gustan mucho los lugares de culto —aseveró jocosamente—. Siento admiración por ellos, ya lo sabes.

---

12   Paul Auster (Nueva Jersey, 1947) es uno de los escritores más influyentes del panorama mundial. Autor de *La trilogía de Nueva York*, publicada en 1989, y *El palacio de cristal*, novela con la que consiguió la consagración internacional.

13   Novela de Paul Auster publicada en 2003.

—Me consta, me consta. Pero, no te pases con el albariño a la hora de consagrar, vaya a mermar tu resistencia y te me pierdas con el «amén» —la previno sin parar de reír.

—¡Qué cosas tienes, Nuria! Ese día beberé con moderación, para evitar males mayores. Bueno, guapa, que no te entretengo más. Te llamo si surge algún imprevisto. Besitos.

—Vale. Quedamos en eso. Y más para ti. Adeu.

Nuria Toméu era, más que una amiga, la hermana que nunca tuvo. Alta, delgada, nervuda y enérgica, gozaba de una belleza moderna y espectacular. Catalana de pura cepa y perteneciente a una familia de larga tradición en el mundo editorial, se conocieron el primer día de clase. Coincidieron en La Sorbonne ante el tablón de anuncios, en el que se indicaban las aulas correspondientes a cada materia de la carrera. Un intercambio de pareceres bastó para que surgiera entre ellas una gran empatía. Desde entonces, su camino fue paralelo y compartieron aula, viajes, inquietudes y sentimientos. Las dos se ayudaron a sobrellevar ausencias. Se hallaba sola en París en una residencia para universitarios. Pronto fue una más entre los suyos. El piso familiar del Barrio Latino se convirtió en su hogar. Nuria le dio todo el cariño y apoyo que necesitó en aquellos momentos aciagos de su primer año en la universidad, en los que aún esperaba noticias de Miguel. Fue su paño de lágrimas. Conocía al dedillo todos los pormenores de la infeliz relación y la escuchaba y protegía con un cariño auténticamente fraternal. Más tarde, las circunstancias laborales las separaron. Una en París, otra en Barcelona, pero ambas disfrutando del mismo trabajo y de una sincera amistad, que había sobrevivido a todos los embates de sus existencias.

El Boeing 737 de la compañía Iberia despegó a tiempo. En menos de dos horas estaría aterrizando en el aeropuerto de El Prat. Aunque había volado en muchas ocasiones a lo largo de su vida, Laura seguía teniéndole mucho respeto a los aviones. Por esta razón, varios días antes de emprender cualquier viaje por aire, se preparaba mentalmente para controlar su nerviosismo y poder mantener la calma durante el trayecto. Era algo así como la vela de armas de los caballeros andantes antes de ser armados caballeros, salvo que a ella le aportaba la serenidad suficiente para acometer la empresa, potenciándola minutos antes del embarque con buenas pócimas de cerveza. Su efecto la ayudaba a evadirse momentáneamente de la realidad «¡Buen brebaje el de la cebada malteada para erradicar la fobia!», se decía. Le resultaba chocante que una exigua cantidad de alcohol llegara a ser tan excelente paliativo. Nunca la bebía, porque realmente no le gustaba nada la cerveza, excepto para subirse a un avión. Se había convertido ya en todo un ritual. No acertaba a discernir si le tenía más miedo a volar o a montar un «Melendi», víctima de un ataque descontrolado de pánico. La cerveza la llevaba a evadirse de la situación y a emprender el viaje con una despreocupación absoluta. Ayudada por su efecto, desplegaba las alas a la par que la aeronave y disfrutaba a tope de los beneficios del vuelo. Desde la ventanilla, le gustaba contemplar la trasformación que sufrían las ciudades cuando el avión remontaba. A pesar de la mala prensa de los asientos de ventanilla, ella los prefería. Ver cómo Paris iba convirtiéndose en una ciudad en miniatura cada vez más pequeña y lejana, al tiempo que su espacio se agrandaba, aumentaba su adrenalina.

Una vez que el comandante dio por finalizada la maniobra de despegue, Laura se puso los auriculares y se sumergió lentamente en el mundo fascinante de la música de Chopin. Al tiempo que el aparato iba taladrando las espumosas masas de algodones nubosos, la mente de Laura se evadía del entorno y se refugiaba en las regiones misteriosas del pensamiento, de las que fue rescatando a retazos los momentos más significativos de sus últimos cuatro meses de contacto con Miguel.

Las notas armoniosas y lánguidas de los nocturnos añadían un toque romántico y embriagador a su remembranza. Cerró los ojos y fue bebiéndose sorbo a sorbo el contenido de cada palabra, de cada línea, de cada frase, de cada párrafo, recuperados de entre los muchos mensajes intercambiados y las largas conversaciones telefónicas, en los que ambos habían ido poco a poco abriendo su interior.

No dejaba de asombrarle su llamada, su primera llamada, tan inesperada. Sobre todo le maravillaba que la hubiera realizado justo en el momento en el que ella misma había determinado acercarse a él. Le parecía un juego caprichoso del azar, un juego más. Volver a oír su voz, volver a acariciarla tras tantos años de separación forzada, la había estremecido con igual fuerza que antaño la estremeciera su presencia cuando, por algún lugar del pueblo, sus largas y flacuchas piernas asomaban tímidamente y su mirada, profunda y soñadora, la buscaba.

Después llegó la conversación formal, conforme a las reglas más estrictas y protocolarias del código social. Un pésame y una puesta al día de lo más externo de sus vidas fueron ayudando a romper el hielo. Y seguían llegando y saliendo oleadas de mensajes que, como maná caído del cielo, alimentaban su hambruna de años de abstinencia y aportaban datos y más datos del recorrido de uno y otro por la amplia geografía del tiempo; de esta forma, sin camisas de fuerza ni trotes desbocados, fueron recobrando a pequeñas porciones todos los años transcurridos en la gélida distancia, volviendo a tocar de nuevo las voces de su interior para acabar adueñándose gota a gota del pulso de unas sombras sordas y lejanas, que el tiempo inmisericorde había desdibujado. Y retomaron la relación personal, que se fue fabricando como los gusanos fabrican sus doradas crisálidas, hilo a hilo, sin prisas, aunque sin demoras, llenando, como dos viejos amigos, de confidencias sus palabras.

Supo, sin intermediarios, de su matrimonio y de su paternidad. Tres hijos le daban sentido a su vida, una vida que atravesaba una dramática coyuntura como lastre de un accidente de tráfico, que había provocado la inmovilidad del pequeño y su propia incapacidad para seguir ejerciendo su verdadera vocación, la de cirujano. Nada le dijo de su responsabilidad familiar, pero ella conocía bien a Miguel, tanto como para saber que era un hombre de valores y por encima de todo estaba el amor a sus hijos. No en vano la había enamorado el ser como era. A ella le costaba hablarle de sus fracasos matrimoniales, pero lo hizo. Solo el mutismo acerca de la auténtica relación con la esposa cargaba de oscuridad sus confesiones. Laura no acertaba a interpretarlo. Y no quiso preguntar. Conociendo a Miguel, el respeto a su compañera podía ser la causa, pero tampoco dejaba de presumir que pudiera existir algo más; no obstante, se prometió a sí misma no abrir la espita de la bomba con preguntas sobre aspectos tan delicados. No quería hurgar y provocar una explosión, que podría arrasar con toda la relación recuperada, y se resistía a tirarla por la borda si daba un paso en falso. Pero un día llegó el mensaje revelador. Como una puerta intangible, construida en frío mármol, se abrió de golpe a la verdad, dejando al descubierto todo el infortunio de su pasado.

Convertida en estatua de estupor, se quedó paralizada ante su particular Sodoma, y un cóctel de emociones encontradas escaló su cuerpo, se agarró con ganchos afilados a su pecho y confundió sus sentidos. ¡La había amado! Miguel, su Miguel, la había amado. Sus ojos no daban crédito a lo que leía. Tanto nadar por las turbias aguas del sufrir, tanto vagar por secos y áridos desiertos, tanto esfuerzo baldío en excavar trincheras de alejamiento, tanta castración emocional, tanta dolorida ausencia y tanta soledad entonces, ahora ya no estaban justificados. ¡Ahora perdían todo su sentido mientras el sufrimiento se desbordaba! ¡Cuánto desvarío! ¡Cuánta adversidad! Y los hados que habían jugado en su contra.

Tomar consciencia de que su amor había sido y era correspondido volvía a reconciliarla momentáneamente con el destino, con ese fatal destino, raptor desaprensivo de su fortuna. Quiso gritar, pero su grito quedó atrapado entre los filamentos de un alma maltrecha. Quiso escribirle, pero sus dedos no respondían. Quiso llamarlo, pero su voz había quedado muda. «Tengo que meditar. No puedo cometer más errores».

Durante breves momentos, barajó la posibilidad de no entrar al trapo y quitarle hierro al asunto, esgrimiendo algún que otro pretexto con el que justificar aquel amor juvenil como algo pasajero y volátil. Todo ello, lo que fuera necesario, para mantener intacta la sutil brizna de amistad, que había entrado en su vida de improviso, rellenando levemente la oquedad de la ausencia; sin embargo, la desechó de inmediato. Ya no estaba dispuesta a esconder por más tiempo sus sentimientos. «No más camuflajes», se ordenó con energía. Y apostó por la sinceridad para acabar abriéndole un corazón, el suyo, parapetado con fuertes murallas de mentiras y falsos olvidos, que ella se había encargado de levantar concienzudamente lágrima a lágrima, decepción a decepción, contención a contención, y silencio a silencio, ¡demasiado silencio! Y recordó esa carta que aclaró todos los malentendidos de tantos años.

Leí tu carta. Con treinta años de demora, pero la leí. Aquel mismo día yo también te escribí otra, declarándote mi amor. En los mismos términos en los que lo hiciste tú, Laura. Era la misma carta, con igual contenido. Sólo cambiaban los nombres ¿Por qué no te la entregué?, te preguntarás. La destruí en la clase del Ogro. Fui un cobarde y te perdí, porque yo también te amaba. Desde que hallé la tuya en mi viejo diccionario, he comprendido tu reacción de entonces, tu huida a París, tu alejamiento. Lo he comprendido todo. Compréndeme tú también a mí. Los dos nos hemos sentido rotos y despechados. Dos almas gemelas a las que separó la fatalidad. ¡Qué mala pasada nos jugó el destino, Laura! Porque yo nunca te he podido olvidar. Me reafirmo en aquellas breves palabras de entonces, porque no he dejado de quererte. Nunca he dejado de quererte, aunque haya seguido el curso de la vida sin ti, Laura.

Esa revelación fue la clave para seguir desnudando a fondo sus almas, donde los entresijos más recónditos quedaron al descubierto sin dobleces ni barreras, provocando una eclosión de confesiones continuas. Y aunque las lágrimas de impotencia regaron aquellos días calurosos de verano, también ayudaron a despejar la bruma de su pasado sin dejar de alisar incluso el pliegue más escondido de su interior en torno a una historia, su historia, en la que ellos dos y, solo ellos dos, se habían convertido en protagonistas absolutos de la tragedia con un enemigo común: la cruel fatalidad. El mismo enemigo que acechó y se ensañó con Píramo y Tisbe, con Helena y Paris, con Abelardo y Eloísa, con Calixto y Melibea, con Romeo y Julieta… había salido a su paso, bifurcando su camino. Y si sus cuerpos, a duras penas, habían sobrevivido a la catástrofe, las heridas habían marcado sus vidas. A partir de ese momento, toda una catarata de revelaciones se fue vertiendo, y las palabras, antes atoradas en sus gargantas, brotaban ahora sin freno y arrojaban luz sobre la penumbra de su desencuentro.

Y llegó por fin el correo definitivo en el que se proponía la cita:

¿Vienes a España o voy yo a Francia? Tengo una necesidad imperiosa de verte.

Un nuevo desafío tenía por delante y una nueva decisión que roía sus entrañas al tiempo que la estremecía. Dudaba si ir o no ir. No sabía si conformarse con lo mucho que habían recuperado o saltar la muralla y aceptar lo que la vida les regalara. No lo sabía, pero optó por aceptar el reto. Ya no cabían más sacrificios. Con temores o sin ellos, iría. No iba a ponerle más candados al deseo.

La mañana en Barcelona se levantó radiante y translúcida. Laura contempló desde la terraza del ático de Nuria, ubicado en la céntrica Plaza de Cataluña, las serenas aguas del Mediterráneo, que pintaban de azul celeste toda el aura que coronaba la ciudad. Acababa de regresar de la editorial. La entrevista de trabajo había sido un éxito. Se notaba que el señor Balaguer la había citado exclusivamente para conocerla. Desde el primer momento, tuvo la impresión de que su contrato se había decidido desde hacía tiempo, porque la reunión tuvo poco de formal. Se desarrolló como una tertulia de colegas, en la que, tras intercambiar algunas opiniones sobre la situación actual del mundo editorial, se le comunicó personalmente cuál sería su cometido. Se encargaría de traducir al catalán la nueva colección de novelistas del realismo francés, que se iba a lanzar al mercado. En principio, dos eran las obras seleccionadas: *Rojo y negro* de Stendhal y *Madame Bovary* de Gustave Flaubert[14]. Más tarde, y dependiendo de la acogida que tuviera, estaba previsto ampliar la colección. Pretendían editarlas en menos de un año, para la festividad de Sant Jordi, aprovechando el tirón de ventas de la Feria del Libro. Ella aceptó el plazo y las condiciones, bastante flexibles, de la oferta. No estaría obligada a vivir en Barcelona, lo que le permitiría mantener su trabajo en París y poder pasar temporadas junto a su familia en el sur. Únicamente habría de acudir a las reuniones trimestrales y a alguna que otra extraordinaria, que requiriera de su presencia. Con las nuevas tecnologías, se mantendrían los contactos. Esto

---

14   Novelas representativas del realismo francés, cuyos autores, Gustave Flaubert y Stendhal, publicaron en 1830 y en 1856 respectivamente.

le daba una libertad de movimiento muy apreciable. Sin lugar a dudas, la suerte se estaba poniendo de su lado.

Miró el reloj, y a pesar de que quedaban aún dos horas para su cita, se cambió con rapidez de ropa y se puso algo más cómodo que el atuendo formal que vestía. Quería que Miguel la viera en su cotidianeidad, natural, en toda la extensión de su persona, sin adornos ni afeites que distorsionaran su auténtico yo. Se calzó unas sandalias con poco tacón, porque acudiría a la cita caminando tranquilamente, como una turista más, por el Paseo de Gracia hasta los Jardines de Salvador Espriu. Así podría saborear con fruición la belleza arquitectónica de las casas modernistas, que se alzaban a lo largo del trayecto y que tanto la apasionaban.

Antes de marcharse, se miró por última vez en el espejo, se colocó con mimo algunos mechones rebeldes de su ondulada melena y contempló su reflejo en el cristal, asegurándose de la imagen que iba a mostrarse ante Miguel. Encerrada en el largo rectángulo de cristal se reflejaba una mujer madura que irradiaba seguridad y entusiasmo, y vitalidad, mucha vitalidad. Echó un último vistazo al espejo, sonrió satisfecha y emprendió la marcha hacia la salida.

Una vez en la plaza, giró hacia la izquierda y tomó dirección hacia el Paseo de Gracia. Le encantaba caminar por aquella amplia y, a la par, acogedora avenida. Era su visita obligada cada vez que visitaba Barcelona. De ella, en contra de lo que cabría esperar de una mujer femenina y coqueta, no le atraían las exquisitas y carísimas *boutiques* de lujo de reconocidas firmas internacionales, desplegadas en los bajos de los edificios y reclamo para turistas con pedigrí. Era algo más profundo lo que escondía la avenida. Algo misterioso e inefable, que la había conquistado desde la primera vez que la pisó. Escalarla trecho a trecho, degustando todo aquel entramado de magnífica belleza, de luz, de formas, de color, de aroma, de percepciones tan gratificantes para todos los sentidos, era como ir subiendo uno a uno los peldaños de la escalera de Jacob hasta alcanzar el cielo, hacia el que caminaba ahora. Su espíritu iba engrandeciéndose por momentos a medida que avanzaba y también su confianza. Ya solo le faltaba encontrarse con Miguel para poder coronar la cima.

Cuando atravesaba la Gran Vía de Las Cortes Catalanas, la suave brisa que bajaba del Tibidabo acarició su rostro, contagiándolo de toda su pureza. Laura abrió su pecho, dejándoles paso a tan frescos y confortantes soplos, respirando una y otra vez el aire cosmopolita y abierto de una ciudad tan prodigiosa. En ese trazado de vías, tan armoniosamente delineadas, su ánimo se colmaba de arte, de historia, de equilibrio, de trascendencia y, sobre todo, de libertad.

Al llegar a la altura del Hotel Majestic, pensó en Nuria. En ese momento estaría conversando con Paul Auster. Sintió algo de envidia sana; no obstante, la alternativa que le esperaba a ella la compensaba con creces. Los muros de aquel lujoso inmueble acogían hoy a uno de los grandes literatos del panorama mundial. Eran los mismos muros que en otro tiempo albergaran, en circunstancias adversas, al poeta sevillano Antonio Machado[15]

---

15   Antonio Machado, escritor español (Sevilla, 1875-Colliure, 1939). «Antonio Machado en los años de la Guerra Civil», en *Ensayos y recuerdos*, Barcelona, Editorial Laia B, 1980, pp. 9-48.

durante sus últimos meses en la ciudad, antes de emprender la salida hacia el exilio aquel crudo y duro invierno del 39. Laura no pudo evitar conmoverse al evocar la imagen de un Machado anciano, enfermo y cansado, vencido en su salud y en sus ideas, arrojado sin piedad a un penoso éxodo lejos de su tierra, lejos de su gente y lejos de su amada doña Guiomar, su amor maduro, más soñado que vivido. «¡Auster y Machado, Machado y Auster, dejando su nota de esencias literarias e impregnando el bello palacete de emoción y de historia!». Se detuvo un momento ante la regia entrada, protegida por un portero, vestido de librea y con alto sombrero de copa, que ponía una nota de distinción y de elegancia, en palpable contraste con el atuendo descuidado, informal y urbano de los transeúntes que no dejaban de ocupar la acera. Intentaba leer la placa, que lucía en sus paredes en recuerdo del poeta sevillano. No pudo. Una pareja madura de turistas se bajó de un taxi y, precedidos de un botones y de su equipaje, se dirigió deprisa hacia la espectacular puerta de acceso. Laura estuvo en un tris de chocar ellos. Se apartó para dejarles paso y buscó amparo bajo la copa de un plátano, protegiéndose de un sol que empezaba a mostrar sus garras. Allí, lejos del agobio del tránsito continuo de viandantes, le escribió un mensaje a su amiga:

Nuria, estoy en la puerta del Majestic. Paso de largo. Me espera mi destino. Luego te cuento.

Siguió avanzando, disfrutando de las espectaculares mansiones que se levantaban a lo largo del recorrido. Al pasar por La Pedrera, esquivó una nueva marea humana. Marchaba toda en bloque sin romper filas y a ritmo marcial detrás de un colorido paraguas, como si en ello les fuera la vida y sin dejar de disparar sus cámaras. Lo mismo que soldados alineados en plena batalla, apuntaban e inmortalizaban el ornamento anárquico de formas onduladas, que conferían a la fachada un aire de movimiento marino, con la que se mimetizaba en su vaivén.

Continuó su marcha y en poco tiempo llegó a la altura de Els Jardinets. Se detuvo delante del nuevo monumento dedicado a la figura de Salvador Espriu[16], a quien admiraba y con el que le unían lazos afectivo-literarios desde sus jóvenes años universitarios. Fue el primer escritor catalán que tradujo al castellano y eso no se olvidaba fácilmente, porque su obra había cavado en ella un profundo surco[17], tan profundo como el que hoy se abría en su honor en esos jardines. Se puso a escudriñar minuciosamente aquella hendidura negra y alargada, que penetraba en la tierra. Sabía por la prensa que se había inaugurado recientemente y que, en uno de los laterales de aquella concavidad oscura, rodeada del césped de la esperanza, se mostraba una placa con un poema del autor del Cementeri de Sinera. Trató de localizar el lugar y lo encontró. Allí, en un lateral, pudo leerlo: «Brilla, dins l'únic/ coneixement del negre/ l'or del meu somni»[18]. Echó un vistazo

---

16   Salvador Espriu, poeta catalán.

17   *Surco. A Salvador Espriu* (2014), de Frederic Amat, una obra excavada en la tierra con un surco de 17 metros de largo en forma de obelisco, realizado en hormigón y rodeado de césped. La idea le surgió al autor por la proximidad del obelisco instalado en la vecina plaza de Juan Carlos I —parte integrante anteriormente de un monumento dedicado a la República—, al pensar la huella que dejaría el obelisco tras su caída al suelo. El monumento está dedicado a Salvador Espriu, en el centenario de su nacimiento.

18   «Brilla, dentro del único/ conocimiento del negro/ el oro de mi sueño». Haiku del libro de poemas *Per al llibre de Salms d'aquests vells cecs*, publicado en 1967.

al frente buscando la casa en la que pasó el escritor gran parte de su vida. Victoriosa ante los insistentes intentos de demolición, se alzaba altiva, sosteniéndose con elegancia y poderío sobre el mármol nacarado de sus hercúleas columnas y elevándose místicamente a las alturas a través de una torre[19], rematada con agujas afiladas, en un intento de alcanzar la gloria. Examinó con total embeleso la elegante belleza de su fachada. Dentro, imaginaba a Espriu sentado en el escritorio de una de alguna de sus suntuosas habitaciones, derramando sobre el papel los sentimientos más hondos de su espíritu y escribiendo sobre Teresa[20], aquella mujer que vio truncada su vida y frustrado su amor, y que bajaba maquinalmente las escaleras, como una muerta en vida, con la mirada ciega ante las emociones, cerrando su corazón a cualquier sentimiento. Como Teresa, también ella había deambulado durante mucho tiempo inconscientemente, como una zombi, descendiendo las escaleras hacia las puertas del infierno, sin llegar a traspasarlas. Sin embargo, en este momento ya no las baja; en este momento las está subiendo con plena consciencia, siendo dueña de sus pasos y de su destino, esperando con júbilo su sueño de oro, con la confianza de que ningún negro nubarrón amenazará con descargar y destruirlo.

Miró de nuevo la hora. Aún quedaban minutos para el encuentro. Embriagada por la paz y la belleza de aquella plaza, se sentó en un banco cercano a la fuente y decidió esperar allí a

---

19   Casa Fuster, obra realizada por uno de los grandes arquitectos modernistas de principios del siglo XX, Lluís Domènech i Montaner, por encargo del abogado Marià Fuster.

20   Personaje del relato «Tereseta que baixava les escales».

Miguel. Le avisaría para que supiera el lugar exacto dónde hallarla. De nuevo, él se le adelantó. Una vez más los misteriosos lazos de la telepatía los encadenaban.

¿Dónde andas?
En los Jardines de Salvador Espriu. En un banco. Junto a la fuente.
En 15 minutos estoy contigo. Tengo enormes deseos de verte.
Y yo. Te espero.

Desde ese lugar privilegiado, contemplaba la arteria de lujo de la ciudad, que se constreñía en la zona, como un embudo, y venía a confluir al Barrio de Gracia, abriendo sus brazos a la bohemia y al encanto de unas calles pintorescas, estrechas y populares. Desde allí, también ampliaba su campo de visión para poder abarcar con la vista todos los caminos por los que podría aparecer Miguel y que lo conducirían inexorablemente hasta ella.

Clavó su mirada en el flujo incesante de peatones que ascendía y descendía por la avenida. Los minutos de espera comenzaban a ser interminables y la inquietud también. Consultaba una y otra vez el reloj y volvía sus ojos hacia el gentío, buscando con insolente avaricia a Miguel, buscándolo con la misma necesidad que lo buscaba en las calles, en las plazas, en el parque, en el colegio, en cualquier lugar de su pueblo.

Le parece entrever entre la multitud unas piernas largas y flacuchas, tremendamente familiares. Son las de Miguel, no hay duda; el intenso bombeo de su corazón lo atestigua. Sobre ellas se alza el cuerpo que la enloqueciera y aquella mirada profunda y soñadora que la hipnotizara. No hay ya rizos negros; el tiempo destructor no ha dejado de hacer su trabajo, pero su esencia sigue inalterable, la misma esencia que un día cualquiera de un mes cualquiera de un año cualquiera secuestró para siempre su corazón de niña. Y como si una avalancha de lava enardeciera sus entrañas, vuelve a sentir los mismos turbulentos y, a la par, apaciguadores temblores de juventud que, como cadenas invisibles, van arrastrándola hacia él.

Miguel la ve y se detiene. La mira y se recrea en la contemplación y le sonríe y avanza presuroso a su encuentro. Laura también se detiene y lo mira y se recrea en lo que ve y le sonríe. Se miran una y otra vez y se contemplan inmensamente, y sus miradas se hieren de felicidad. Y corre hacia él al ritmo que le va marcando su corazón. Un corazón en el que solo habita un ferviente anhelo de tenerlo entre sus brazos. Un anhelo que se va ensanchando a medida que disminuye la distancia. Ya no hay desasosiego ni inquietud que la perturben. Ya no hay pasado dañino ni futuro temido, solo un presente prometedor. Los dos se buscan y los dos se encuentran y acaban fundidos en un beso infinito, ajenos al bullicio que los rodea, ajenos a la vida que bulle por las calles, ajenos al mundo circundante, que se va desvaneciendo paulatinamente. Ellos dos, únicamente ellos dos, bajo la cálida luz de un cálido sol de septiembre, que desde su cénit los envuelve con sus rayos. Lo demás ya no importa. No importa nada.

La tenue claridad vespertina penetra por la ociosa ventana de la estancia, donde dos cuerpos, anclados en una generosa entrega, se hablan y van llenando el vacío de largos años de silencio, amándose con una pasión arrebatadora, de la única forma en la que saben querer los niños, sin reservas ni armaduras, como si solo existiera el presente. Y en ese oasis de plenitud van tejiendo un recuerdo imperecedero.

—Laura, nosotros hemos nacido para amarnos —le susurra Miguel al oído.

—Sí, Miguel. Nacimos para amarnos —le dice mientras lo acaricia con la mirada.

—No sé cómo voy a poder soportar ahora un solo segundo de mi vida sin tenerte a mi lado. No lo sé.

Laura lo mira y calla.

—Eres la única mujer a la que he amado, y tú lo sabes, ¿verdad? Has sido y serás mi único amor —le confiesa sin dejar de mirarla a los ojos.

—Sí, lo sé, porque también lo siento así y porque te siento, Miguel. Pase lo que pase, yo te querré siempre.

—Y yo, amor mío, aunque no pueda compartir mi vida contigo, aunque, muy a mi pesar, no pueda. Pero óyeme bien: nunca te pediré lo que tú no quieras darme. ¡Nunca!

—Ni yo te pediré lo que no me puedas dar tú.

Y siguen explorando cada rincón de sus cuerpos, reconociéndose como si lo conocieran desde siempre sin haberse conocido nunca. Y nada les resulta extraño, ni siquiera las intrusas notas acompasadas e impertinentes de una melodía tan querida como inoportuna, que irrumpen en la alcoba saqueando con sus sones la magia del instante. La guitarra de Knopfler no deja de oírse, cada vez con mayor insistencia.

—Tengo que cogerlo, Laura. Tengo que cogerlo.

Laura asiente con la mirada. Sabe que ha llegado el momento de la despedida, una despedida que no va a hacerse esperar.

—Debo marcharme. Mi hijo me necesita. Lo comprendes, ¿verdad, amor mío? —le pregunta, mientras la abraza con todas sus ganas.

—Lo comprendo, Miguel. Lo comprendo —le responde—. No le hagas esperar.

—¿Nos veremos mañana?

Laura no responde, pero se cobija en su regazo. Y se abrazan y se besan con una fuerza tan brutal como si estuviera próximo el fin del mundo y no hubiera lugar para el mañana, contaminando el aire de un amor eterno, de una felicidad eterna, de una impotencia eterna, de una resignación eterna.

Un «luego te llamo» queda apagado por el ruido sordo y estremecedor de la puerta al cerrarse. Laura sufre una atroz sacudida que, cual picadura de víbora, le envenena el alma. Eurídice vencida, se hunde en las más negras tinieblas del Hades. Pero ella no espera a un Orfeo libertador, que vaya a rescatarla con su canto seductor de Carontes y Proserpinas, porque no habrá salvadores, ni cítaras ni liras ni cantos de sirena que puedan liberarla. Solo ella tiene las llaves de su destino. Ella, solo ella, tendrá que elegir y la vida de Miguel ya no le pertenece. Sabe muy bien que unas breves horas en un cuarto impersonal de un impersonal hotel, perdido en algún lugar del mundo, es demasiado poco para un amor tan grande. Jamás aceptará migajas cuando pudo haberlo tenido todo y jamás podría perdonarse provocarle a Miguel más dolor. Y es consciente, odiosamente consciente, de que ninguno de los dos ha nacido para convertir algo sublime en mezquino, ni para dañarse ni para entorpecerse ni para apagar con egoísmos la llama de un amor excelso. Ella lo sabe muy bien. Los dos lo saben y los dos lucharán por no aceptar un papel que acabaría destruyendo un bien, al que no todos los mortales tienen acceso. Aunque vacilen, aunque les cueste, han de alejarse de nuevo. Han de hacerlo. El precio es alto, pero el don no tiene límite. Se aman y esos lazos no habrá ya fuerza en el destino para destruirlos. Han recibido su recompensa. Han recibido mucho más de lo que en toda su vida pudieran haber imaginado. Y este inesperado regalo, que la vida les ha dado, es más que suficiente para poder abordar el futuro con esperanza, porque ahora sí han tejido un pasado inolvidable que los alumbrará para siempre, un pasado que siempre les pertenecerá y hará más llevadero su paraíso perdido. Nada ni nadie podrán jamás arrebatarles ese amor vivido. Ellos lo saben muy bien; sin embargo, una lágrima rebelde, sorda a su razón, parece ignorarlo y se desliza mansamente por su mejilla. Se la enjuga como puede con la sábana, que aún conserva el aroma de Miguel. Es el mismo aroma que destilan sus carnes, sus fibras, sus venas, su alma… «No se puede ser tan feliz sin pagar un precio», se dice. «Y lo vivido hoy tiene su precio y no me importa pagarlo».

Se incorpora con ímpetu, se coloca con las manos el cabello, coge el bolso y se dirige con determinación a la salida. Antes de traspasar el umbral, enciende el móvil y regresa de súbito a la cruda realidad. Los continuos mensajes de Nuria no cesan de ocupar la pantalla. La llama de inmediato.

—¿Sigues viva, cariño? —le pregunta la amiga.

—Nuria, sigo más viva que nunca —manifiesta con fuerza.

—Ya me estabas empezando a preocupar.

—Pues ya ves que no hay motivo. ¿Tienes algún compromiso para cenar?

—No. Te esperaba a ti.

—Entonces, quedamos en uno de los restaurantes de la manzana de la discordia[21], ¿te parece bien?

—Sí. Me parece bien. Allí nos vemos.

—La primera que llegue que elija el sitio.

—Vale.

La luz crepuscular pone un matiz melancólico en el filo de la tarde. Escoltado en su huida por nimbos violáceos y cárdenos, el sol se aleja con presteza buscando su refugio en el Tibidabo, tras cederle el cetro a los rayos de artificio, que, tímidamente y en constante parpadeo, comienzan a reinar en la ciudad. Laura camina firme, a solas, pero no en soledad. Un continuo ir y venir de turistas sigue pisando el asfalto, ya mortecino, del Paseo de Gracia. Cámara en mano, captan con su objetivo el paisaje urbano, bañado ahora por el brillo misterioso del ocaso. Sin embargo, a ella ya no le interesa el entorno. La cautivan los recuerdos y la enorme dicha que bulle en su interior.

En la terraza de un restaurante, cerca de la casa Batlló, avista a su amiga, que se levanta al verla para recibirla con los brazos abiertos, como si regresara de una larga e intrépida aventura y la interroga con la mirada.

---

21 Manzana de la discordia es el nombre que recibe un tramo del Paseo de Gracia del Ensanche de Barcelona situado entre las calles de Aragón y Consejo de Ciento. Se trata de un conjunto de cinco edificios: la Casa Lleó Morera de Lluís Domènech i Montaner, la Casa Mulleras de Enric Sagnier, la Casa Bonet de Marcel·lià Coquillat, la Casa Amatller de Josep Puig i Cadafalch y la Casa Batlló de Antoni Gaudí. Si bien todas son de reconocidos arquitectos del modernismo catalán, el apelativo popular de «manzana de la discordia» se refería principalmente a la rivalidad profesional entre Domènech i Montaner, Puig i Cadafalch y Antoni Gaudí.

—Todo muy bien, Nuria.

—No tienes que jurármelo. Nunca vi ese brillo en tus ojos.

—Nunca he sido tan feliz.

—¿Os volveréis a ver?

—¿Me ves capaz de soportar más despedidas? No las soportaría, Nuria. Ya me conoces… No las soportaría.

—No, Laura, no las soportarías. Pero… ¿y mañana?

—¿Mañana? Mañana queda demasiado lejos. Vivamos ahora el presente, Nuria. Vivamos el presente, que es lo único que nos pertenece.

Desde una terraza próxima, la brisa mediterránea les trae, enredada en sus ondas, la voz callejera de un dúo ambulante, que, acompañado por el sonido armónico de un viejo acordeón, entona melosamente un popular bolero de Los Panchos. Al tiempo que el camarero atiende a su amiga, Laura se deja seducir por la melodía e interioriza y repite con énfasis todas las palabras, que salen de las jóvenes gargantas: «alma para conquistarte, corazón para quererte y vida…».

—La que tú ya no tienes para vivirla junto a mí —añade, musitando entre dientes, con cierta tristeza.

Nuria se le acerca con la copa en alto en un amago de brindis. Laura levanta la suya y brindan.

—¡Por la vida, Laura, que nunca deja de sorprendernos!

—¡Por la vida, Nuria! ¡Y por el presente, que sí es nuestro!

—¡Por el presente! ¡Por el presente *toujours!*

—¡*Toujours* por el presente! Y por los amores eternos, que son los más breves. ¡Qué razón tenía Benedetti[22]! ¡Qué razón tenía, Nuria!

—Bueno, bueno, tampoco exageremos, cariño. Benedetti, al fin y al cabo, era un poeta y los poetas no dejan de ser unos farsantes, los mayores farsantes de la historia. Y cambian de opinión, pues qué te diría yo, ¿cada dos segundos?

—O cada uno, pero ¡benditos farsantes! Brindemos también por ellos, Nuria. Brindemos por esos farsantes y por sus trucos y por sus tretas y por sus engaños y por sus fantasías, para que sigan embaucándonos eternamente y nos hagan vibrar y nos ayuden con sus falacias a vivir lo que la realidad nos niega. ¡Por ellos!, que nunca nos fallarán.

—¡Eh!, ¡eh! ¡Alto ahí! Para el carro, que nos veo venir, Laura. Como siga el verdejo haciendo su efecto, vamos a terminar brindando por Snoupy.

—Pues ¡por Snoupy!, para que no se nos moleste.

Las dos amigas prorrumpen en una sonora carcajada, que las protege bajo un palio de contento, convirtiendo el presente en un antídoto eficaz contra la desesperanza. Mientras, la noche se va derramando con suavidad sobre las ocres aristas hirientes de huérfanas ramas de los árboles que orillan las aceras del Paseo. En pos de su estela, los sueños se agazapan sigilosamente en las sombrías esquinas de ventanas y balcones, acechando el momento oportuno para cobrar vida.

---

22   Mario Benedetti, escritor uruguayo (Paso de los Toros, 1920-Montevideo, 2009). «Es de ley/ los amores eternos/ son los más breves».

ANTONIO EL TONTO

—¡El tonto!, ¡el tonto!, ¡el tonto! —coreaban los niños sin cesar.

La niña se detuvo en seco, dejó de saltar a la comba y, algo sobrecogida, miró instintivamente hacia el lugar de procedencia de aquellas voces ensordecedoras, que no paraban de sonar. Y lo vio. Vio a aquel muchacho extraño y desgarbado, cuya presencia siempre provocaba la misma algarabía, con un pie en la plaza y el otro en el último tramo de la calle pendiente, que venía a desembocar en la zona llana del pueblo. Lo recibía una jauría de niños vociferantes convirtiéndolo en el centro de su atención.

—¡El tonto!, ¡el tonto!, ¡el tonto! —seguían coreando los niños, como si fueran un disco rayado, envolviendo aquel desvaído cuerpo en un círculo cerrado, rodeado por todos los lados, sin posibilidad de huida.

La niña no dejaba de mirar, aunque un miedo incontrolable la iba invadiendo poco a poco, adueñándose de su minúsculo cuerpo, que amenazaba con desplomarse por el tembleque incontrolado de sus flacas piernas, que se movían como un flan recién hecho. Decidió abandonar aquel lugar y empezó a enrollar su cuerda. Al mismo tiempo que la enrollaba, no dejaba de volver la cabeza para mirar al muchacho, protagonista absoluto de la escena. Lo miraba con compasión, de la misma forma que solía mirar a los pajarillos caídos de algún nido.

—¡El tonto!, ¡el tonto!, ¡el tonto! —Era la cantilena infantil, eterna y estridente que continuaba retumbando en el aire.

Con su saltador ya liado, corrió deprisa, muy deprisa, tan deprisa que sus zapatos rozaban sus posaderas como si fueran los palillos de un tambor en pleno apogeo. Quería abandonar la plaza cuanto antes y como fuera. Ansiaba desaparecer de allí. Era una acción repetida cada vez que aquel chaval hacía acto de presencia en su entorno. Fuera cual fuera la tarea a la que estuviera dedicada, la daba por terminada y huía como un conejo perseguido en busca de su madriguera, tratando de encontrar cualquier sitio, seguro y alejado, donde parapetarse y desde el que pudiera observar sin ser vista.

Una vez a salvo, tomó posiciones detrás de uno de los pilares que soportaban las barandas de la calle peatonal, desde la que se dominaba todo el Llano. Desde su atalaya, se disponía a no perderse el más mínimo detalle de los movimientos del chico y de su jaleoso séquito.

Aquel muchacho moreno, de ojos grandes y muy abiertos, que andaba entre desconfiado y feliz, al ritmo de extraños tics y llamativos aspavientos, atraía mucho su atención. Había algo en él que la desconcertaba. Era diferente a todos los demás chiquillos del pueblo, no solo por su aspecto, desaliñado en su particular aliño, sino también por su desprotegida soledad. Siempre solo, expuesto a las burlas inconscientes de la chiquillería, sin nadie que pudiera socorrerlo del acoso. A la niña le costaba entender su desprotección ante enemigos tan diminutos e insignificantes. Le costaba entender el motivo del ataque del que era objeto un día sí y otro también. Y, sobre todo, no concebía verlo sin ningún amparo. «¿Y sus padres? ¿Por qué no vienen sus padres a ayudarlo? ¿O su familia o sus amigos?», se preguntaba reiteradamente. Le dolía tanta soledad.

A pesar de que tenía asumido que los niños podían formar piña y emprenderla contra cualquiera, lamentaba aquel acoso rutinario y prolongado, como una agonía inacabable. También era verdad que formaba parte de las costumbres de un pueblo con escasos entretenimientos para los menores. Por eso, en todo momento cualquier rareza se convertía en el objetivo de sus juegos, un objetivo cuyo único fin era la diversión. Había que divertirse con quien fuera y como fuera. También para ellos el fin justificaba los medios, a pesar de que Maquiavelo[23] aún quedaba muy lejos de su conocimiento y de su ámbito.

En alguna que otra ocasión ella había sido presa de esos ataques infantiles y había llegado a sufrir en sus propias carnes el dolor de la humillación y de la impotencia antes de salir airosa del aprieto. Unas veces que si el pelo, otras que si los andares y otras porque sí. No había conseguido olvidar cómo un corte de pelo a lo *garçon* se convirtió en excusa para que la tomaran con ella. Cada vez que salía a la calle con su nuevo *look,* una voz musical, a la que se sumaban otras de timbres diferentes, pero con el mismo tono imberbe, surgía detrás de un rosal, bajo un banco de piedra, tras los gruesos troncos de las acacias, entre las chumberas… y al unísono lanzaban su grito de guerra:

—¡La pelona, la pelona, la pelona!

---

23   Frase atribuida a Nicolás Maquiavelo, filósofo y político italiano autor de *El príncipe.*

Y a ella le molestaba. ¡Claro que le molestaba! Le molestaba mucho, pero no se amilanaba. Y les plantaba cara. Y les respondía con alguna otra palabra ofensiva que pudiera fastidiarlos, o los amenazaba con apedrearlos o con decírselo a sus hermanos, que eran muchos y más grandotes. Todo eso surtía efecto y acababan por dejarla en paz. Tanto ella como los demás chicos, hostigados ocasionalmente, podían luchar contra los hostigadores en igualdad de condiciones y sabían defenderse. Ella lo hacía. Los demás lo hacían. Por eso, sus entendederas no alcanzaban a comprender que aquel muchacho descomunal no lo hiciera, o al menos ella nunca lo vio defenderse. Nunca lo vio ni tirarles piedra ni pegarles ni lanzarles algún insulto hiriente. El muchacho se limitaba a mirarlos con los ojos muy abiertos y llenos de terror, esperando un milagro que le devolviera la tranquilidad y apartara de su lado aquel enjambre sonoro.

La niña, por más que se esforzaba, no terminaba de entender qué tenía el muchacho que lo diferenciara tanto de los demás hasta convertirlo en el objeto de sus burlas. Ciertamente era un muchacho solitario, inofensivo, grandullón y envuelto en extraños movimientos. Esto era verdad, pero ¿acaso justificaba ser atacado de aquella manera? No obstante, sí comprendía el miedo ajeno ante su presencia. ¿Cómo no iba a comprenderlo si ella también lo sentía? Pero lo que se escapaba a su comprensión eran los sentimientos contradictorios, oscilantes entre la compasión y el pánico, que le provocaba el muchacho.

Un día supo que tenía nombre. Alguien debió pronunciarlo con voz potente y ella, que estaba atenta, lo pilló al vuelo y lo retuvo. Se llamaba Antonio, un nombre muy corriente en el pueblo, porque ese era el nombre de muchos de los chicos que lo perseguían y acosaban. Se llamaba Antonio, igual que el santo pequeñito, que ocupaba una de las hornacinas de la ermita, al que acudían las mozas en edad de merecer para pedirles un buen novio. Se llamaba Antonio, como aquel tatarabuelo, cuya historia escuchó con atención de boca de su madre cuando preguntó sobre el origen de un sable viejo, que andaba en el desván perdido entre otros objetos desusados. Aquel tatarabuelo, que un día muy lejano partió a luchar contra los franceses y volvió del brazo de una mujer muy rubia, muy alta y muy delgada, tan delgada como una espiga, que chapurreaba el castellano y a la que en el pueblo se la conocía como la Gabacha. Se llamaba Antonio, como tantos conocidos, amigos o familiares del lugar.

Para diferenciarlo de los demás Antonios, alguien debió decidir que había que ponerle un mote, pues era lo habitual entre los paisanos. Y ello, más que ofensivo, era socorrido. Ayudaba a identificarlo debidamente. Además, todos los habitantes del pueblo tenían el suyo. Era algo muy propio y aceptado, sin mediar contrato ni consenso. Y nadie se molestaba por ello.

Desde que supo el mote, que le había tocado en suerte al muchacho, tuvo claro cómo nombrarlo cuando se refería a él: el Tonto, la misma expresión que en este instante llenaba insistentemente la atmósfera, aunque ella no acabara de descubrir el alcance de aquel calificativo.

Antonio el Tonto era alto, altísimo, inmensamente alto, tan alto como un gigante. Así debieron parecerle a Gulliver[24] los

---

24 *Los viajes de Gulliver* de Jonathan Swift.

hombres que encontró cuando llegó a la región de Brobdingnag en uno de sus viajes. De una altura excesiva para su edad, sobrepasaba al resto. Si alguna vez se topaba con él de improviso por alguna calle de su pueblo, a su lado la niña se sentía como una minililiputiense, como una hormiga que en cualquier momento podía ser aplastada de un pisotón. Su escuálida delgadez contribuía a extremar aún más su altura. Y su descompostura en el ropaje le aportaba a su cuerpo un aire sumamente desgalichado, como si la ropa lo infestara de desidia. Su tez lucía un moreno intenso, moreno de sierra o de corralón, que le recordaba la cara de los negritos, que decoraban las huchas del Domund, lo que la llevaba a pensar en un posible origen exótico, aunque tampoco descartaba que su color se debiera a que pasaba mucho tiempo al aire libre.

—¡El tonto!, ¡el tonto!, ¡el tonto! —continuaban entonando los niños.

Antonio el Tonto destacaba en el centro del círculo, sin que esa corpulencia llegara a intimidar a sus acosadores ni un solo segundo. Se hallaba totalmente perdido. Sus grandes e inocentes ojos negros se movían incansablemente hacia todos los lugares, como las agujas descontroladas de un reloj, implorando protección. Unos ojos, asustados y recelosos, que, mientras su cuerpo avanzaba, los fijaba atemorizado en los niños que lo rodeaban formando un corro como si fuera carnaval.

El sentimiento de empatía con el Tonto se desbordó, porque también ella se había sentido así, desamparada, el día en que se perdió en la feria. Y recordó el desaliento y el espanto que sufrió. Se había soltado de la mano de su hermana mayor cuando caminaba a su lado entre todo aquel gentío, que afluía al ferial.

Había mucha gente extraña en la plaza y costaba trabajo abrirse paso. De repente, se soltó y se encontró sola en medio del bullicio. Una banda de música, cuyos integrantes llevaban casacas rojas, como las de los ejércitos ingleses en pie de guerra, se le venía encima con sus trompas, sus trompetas, sus flautines, sus tambores…, que producían un sonido cada vez más estrepitoso. Miraba desconsolada para todos lados buscando una cara familiar, pero no encontraba ninguna. Y gritaba y corría, y nadie venía a socorrerla. Engullida por el miedo y devorada por la soledad, se puso a llorar desconsoladamente y a andar con desconcierto y desorientada. Y comenzó a bajar, dando traspiés, por unas escaleras. Ese fue su último recuerdo. Después, silencio y sombras. Cuando abrió los ojos, se hallaba tendida sobre una mesa y con miles de caras compungidas, que cambiaron su expresión al verla recobrar la consciencia. Entre todas, adivinó la de su padre, que le curaba una brecha en la frente. Al verlo, se sintió tan reconfortada y arropada que el dolor de la herida desapareció. La misma sensación de desamparo debía de sentir Antonio entre los miembros de aquel ejército infantil.

—¡El tonto!, ¡el tonto!, ¡el tonto! —gritaban los niños cada vez con más fuerza.

Una señora se acercó al grupo, cogió del brazo a uno de los chicos y, mientras lo zarandeaba, increpó con fuerza a los demás, que paulatinamente fueron apartándose del muchacho a la par que la plaza quedaba en silencio.

Antonio el Tonto se atacó los pantalones, apretando bien la soga que los sostenían a modo de cinturón, abrió de nuevo sus grandes y espantados ojos negros, miró de soslayo examinando la situación y, cuando vio el campo despejado, ya más tranquilo, con los tics y las convulsiones atenuadas, prosiguió su camino. Enfiló derecho hacia el Paseo Real, tomó la cuesta que lleva a la ermita y desapareció de su vista. Los niños se dispersaron buscando nuevas diversiones.

La niña también abandonó su posición y se marchó a su casa. Una vez en ella, buscó a su madre. La halló en la cocina preparando el almuerzo. La besó y le preguntó sin rodeos:

—Mamá, ¿por qué es malo ser tonto?

Su madre dejó la sartén, que en ese momento manejaba, sobre la hornilla, suspiró hondo, se sentó en una mecedora, la cogió en brazos, la miró a los ojos y le preguntó:

—¿Por qué crees tú que es malo ser tonto?

—Porque Antonio el Tonto, cuando los niños lo llaman así, se asusta y se pone muy triste.

—¿Y por qué sabes tú que se entristece?

—Porque lo veo, mamá. Se le ponen los ojos brillantes. Creo que llora, y no me gusta que llore —aseveró la niña mirando a su madre con ojos anhelantes de respuestas.

La madre cogió la mano de la niña y afirmó:

—Se pone triste, porque se lo dicen para hacerle daño y él se da cuenta.

—Entonces, si se da cuenta de eso, no será tan tonto —contestó la niña.

—Claro que no es tonto. Antonio no es diferente a vosotros, aunque los niños lo vean así. Antonio sigue siendo un niño, a pesar de su considerable altura. Un niño grande. Su mente no ha crecido al mismo tiempo que su cuerpo y mantiene la inocencia de los primeros años. Es como tú, pero en un cuerpo enorme.

—A mí me da pena, mamá. Me da mucha pena que se metan con él, pero también me da miedo, y no sé por qué. Él nunca le pega a nadie, ni lo corretea, ni lo insulta. Pero como es tan grande, temo que se enfade y me pise sin querer y me aplaste, aunque él solo se dedica a estar, a pasar o a mirar. ¿Es eso malo?

—No, hija, no. No lo es. Sin embargo, los seres humanos podemos llegar a ser muy crueles con nosotros mismos y mucho más con los indefensos. Y Antonio, por su inocencia, es un ser indefenso. Tú no te metas nunca con él.

—No, mamá. Nunca me meteré con él.

La niña sabía que vivía lejos del centro, allá por el barrio alto, en una calle de salida que conducía a la ermita de San Jorge. Por esa zona lo había visto deambular cuando todos los años por abril, en la festividad del santo, acudía con su familia a la romería.

Volvieron a florecer los almendros uno y otro año, cumpliendo escrupulosamente el designio de la Naturaleza y tapizando el paisaje de un blanco intenso, que moteaba candorosamente los grises y verdes de aquel paisaje serrano. Volvieron a secarse las espigas uno y otro agosto. Volvió a languidecer el paisaje con los ocres del otoño y volvieron los inviernos andariegos fortaleciendo con sus aguas la savia nueva. La niña crecía al ritmo del paso de las estaciones. Sus juegos en la plaza fueron poco a poco sustituidos por otros más acordes con el florecer de su adolescencia. Antonio el Tonto iba desapareciendo de su vida en un esfumado suave y lento, que borraba sus contornos y los del corro infantil, vociferante y juguetón.

Y fue otro día de San Jorge, pasados ya unos años, cuando Antonio el Tonto reapareció en su vida. Ese día, pese a su porfiada insistencia, no había podido conseguir que sus padres le dieran permiso para asistir a la romería por la mañana junto a sus amigos, como era de ley. Acababa de salir de la convalecencia de una operación de anginas y, si bien estaba casi restablecida, los padres se oponían a que pasase todo el día bajo el sol intenso de una primavera cálida, temiendo una posible recaída.

—Sólo irás por la tarde, a merendar. Te prepararé la masa para hornazo —le dijo su madre con determinación ante su continua y cansina petición. Y no le quedó otra salida que aguantarse.

Mientras retumbaba en la lejanía el sonido brusco y fugaz de los cohetes, la niña cogió la masa para su hornazo, la extendió con un rodillo, lavó un huevo, lo colocó en el centro y lo cubrió con dos tiras finas de masa, formando una cruz. Una vez terminado el primer paso de la elaboración, fue hoyando regularmente la masa con el dedo índice, tomó unas almendras de un bote de cristal y las puso sobre los huecos. Lo espolvoreó de azúcar, lo colocó sobre una fuente de hojalata, lo cubrió con una servilleta de cuadros y lo llevó al horno, que estaba varias casas más arriba. Esperó pacientemente su cocción y regresó a su casa con la merienda ya lista. Después de almorzar, buscó un cesto de mimbre, envolvió su hornazo en papel estraza, lo metió en el cesto y emprendió la marcha hacia la ermita.

El camino, que conducía al lugar, se estrechaba en el último trecho de la calle en un sendero angosto, que formaba una curva en codo junto a la puerta de una casa pequeña de dos plantas. En esa puerta, sentadas sobre unas sillas bajas de enea, se hallaban dos mujeres charlando relajadamente sin perder de vista el gentío, que ascendía por la vereda. La niña las miró y descubrió delante de ellas la figura de Antonio, que se hallaba de pie, inspeccionando el sendero con ojos de sabueso, echándole la vista a todos los romeros que se incorporaban a la explanada, mientras engullía una jícara de chocolate y un trozo de pan. Ya no le pareció ni tan gigante ni tan peligroso ni tan desprotegido. Lo encontró alegre y confiado, reflejando en su rostro el ambiente festivo de la romería. Ella se fue aproximando lentamente con algo de reparo, aunque sin el miedo que en otros momentos le produjera su presencia. Al llegar a su altura, el muchacho se le acercó, ofreciéndole generosa y amablemente su merienda.

—¿Quieres chocolate?, ¿quieres chocolate? —le preguntaba en un lenguaje apenas comprensible.

—No, Antonio, muchas gracias. Llevo un hornazo para merendar en el prado, y si como chocolate, no podré comérmelo, y si no me lo como, me regañará mi mamá cuando vuelva a mi casa —le dijo pausadamente, ya sin ningún tipo de temor.

Antonio se apartó para dejarle paso al tiempo que le sonreía. Lo miró a los ojos y vio tanta bondad en su mirada, que sintió una vergüenza enorme por haber experimentado por aquel ser, afable e inofensivo, tanto miedo en el pasado.

—Adiós, Antonio —se despidió devolviéndole la sonrisa.

—Adiós, niña —respondió el muchacho, agitando la mano con la que sostenía el pan.

Una mañana calurosa de verano, la niña oyó un revuelo de gente, arremolinada delante de las dependencias de los municipales. Su curiosidad le pudo y salió deprisa para enterarse de lo que ocurría. Se arrimó al corro y preguntó. Una señora con el semblante serio contestó algo turbada:

—Antonio el Tonto ha desaparecido. Anoche no regresó a su casa —añadió entre una nube de murmullos—. Van a salir a buscarlo.

—Que miren en Los Alamillos. Por allí pasea con frecuencia —decían unos hombres a los municipales.

—Nosotros nos sumamos al grupo —añadían otros—. Hay que encontrarlo antes de que se haga de noche.

—Nosotros también iremos —comentaban otros.

La niña no pudo seguir preguntando, porque un nudo en la garganta se lo impidió. Los comentarios de las mujeres y de los niños no hacían sino acrecentar los temores. Comprendió entonces que Antonio era más querido por sus paisanos de lo que ella jamás habría podido imaginarse. Tenía ganas de llorar, pero las lágrimas no le salían. Miraba a todos lados y se inquietaba por momentos. Preocupada, tomó la dirección de su casa, pero antes de que pudiera entrar, unas voces desaforadas la detuvieron. Volvió la cabeza, y los vio. Dos hombres subían por la calle de entrada al pueblo, gritando:

—¡Lo han encontrado! ¡A Antonio lo han encontrado!

La niña se sintió aliviada por un momento; sin embargo, ese alivio solo duró una milésima de segundo, porque a renglón seguido volvieron a gritar:

—¡Lo han encontrado ahorcado en Los Alamillos, en un olivo!

La niña se detuvo conmocionada y sintió un pellizco en el pecho, que apenas le permitía respirar, mientras unas lágrimas fugitivas terminaron humedeciendo sus mejillas y fueron regando todo el espacio de un gran sentimiento de dolor.

EL FORASTERO

Subía por las escaleras que conducían a su calle, una calle peatonal que se elevaba por encima de la plaza y que rivalizaba en orgullo con la iglesia parroquial. Sudaba. Acababa de jugar con su diábolo azul y amarillo en el Llano. Lo llevaba enrollado a la cuerda debajo de sus axilas. Las manos libres para poder apoyarse en la gastada baranda de aquellas empinadas y añosas escalerillas. Acudía a su casa para adecentarse y volver a salir por la noche a pasear. A pasear y a lo que se terciase.

Corría septiembre. Aún no había comenzado el curso y tenía que aprovechar todos los momentos del día para jugar en la calle y relacionarse con sus amigas. El otoño solía ser frío y no invitaba a realizar juegos a cielo raso. Y en el crudo y largo invierno de aquellas tierras montañosas, los juegos y las relaciones sociales habían de hacerse bajo techo. Aun así, se corría el riesgo de sufrir sabañones. Por eso, estaba decidida a aprovechar al máximo cada minuto y cada segundo de sus ya escasos días de vacaciones. Iba inmersa en sus pensamientos: primero, merendar; luego, arreglarse. Se pondría aquel vestido rojo ribeteado en azul marino. Era muy coqueto. Se gustaba con él. Y como por la noche ya empezaba a refrescar, se llevaría la chaquetita compañera por si arreciaba el frío. A la par tarareaba una canción de moda. La había escuchado tanto durante el verano, que, a pesar de su mala memoria para recordar las letras, ese estribillo se había instalado de ocupa en su cabeza y no dejaba de habitarla. «Dile que tu amor es para siempre, dile que por su cariño mueres, dile, dile y dile siempre te adoraré».

Y no dijo nada. Solo oyó una voz a sus espaldas que la arrancó de sus pensamientos.

—¡Niña, niña, niña!

Se paró en seco, se giró y se encontró de frente con un apuesto joven. La triplicaba en estatura. Era evidente, aun estando cinco peldaños por debajo de ella. En un instante lo fotografió con la mirada. Le pareció mayor aquel desconocido, si bien era verdad que a sus diez años cualquier mozalbete podría ser considerado un adulto. Le pareció mayor y forastero.

Ella se conocía a todo el pueblo sin distinción de raza, sexo o edad. Podía incluso ubicarlos en la zona donde vivían. Y a veces (eso ya le costaba un poco más) hasta podía establecer la relación de parentesco con otros paisanos. Aunque no siempre, pues todavía se ruborizaba al recordar el patinazo que dio delante de una amiga por hacerse la graciosa. Nombró a dos muchachos por sus apodos con una maliciosa intención bromista y los dos chicos no eran sino sus primos hermanos. Pidió disculpas, pero aprendió la lección. Desde entonces supo que había que tener cautela en las relaciones humanas si no se quería ofender gratuitamente. Se puso en guardia.

—¡Niña!

Era apuesto el muchacho. Moreno, muy moreno, de piel y de cabello. «¿Serían así los gitanos de verde luna del romance que les leyó un día su maestra?», se preguntó. Los ojos hacían juego con la piel. No eran marrones ni amelados, sino negros. Negros como la noche. Y todo ese negror destacaba aún más por la blancura inmaculada de su sana y hermosa dentadura y la camisa blanca y el pantalón a juego que lucía.

—¡Niña!

No dejaba de mirarlo con esa mirada entre desconfiada y expectante, que asomaba en sus azules pupilas siempre que se encontraba ante una situación inesperada.

—¿Me llamas a mí?

Todos en el pueblo la llamaban por su nombre y, aunque era una niña aún, no se identificaba con tal apelativo.

—Sí, sí, te llamo a ti.

No le preguntó su nombre, su bonito nombre del que se sentía muy orgullosa. Y se dio cuenta en ese momento de que el interés del forastero no se centraría en ella.

—¿Conoces a Beatriz Martín Soria? Una chica de la que me han hablado. Me han dicho que es muy guapa y que vive en esta misma calle. ¿La conoces?

¡Claro que la conocía! Eran vecinas. Casa arriba y casa abajo. Unos pocos años mayor que ella. Morena también, como el forastero, y con unos grandes ojos negros que humillaban hasta al mismo azabache. De mediana estatura, pero, en palabras de sus hermanos, era guapísima y estaba muy buena. Supo por los gestos que ellos hacían al realizar tales afirmaciones, que la bondad a la que se referían no era precisamente la espiritual. No significaba eso que la chica fuese mala. Significaba sencillamente que sus adolescentes y granulosos parientes pasaban en esa etapa de su vida de cualquier valoración que no fuera la física. Sus agitadas hormonas estaban ciegas ante cualquier chispazo espiritual.

—La conozco, sí. Somos amigas y vecinas —le dijo.

—¿Es esta su casa? —le preguntó muy seguro, señalando con el índice una hermosa casa de tres pisos de ladrillo rojo, que se alzaba majestuosa frente a esas escaleras en las que se encontraban. Por el color de la fachada y por la elegancia de su cierre y sus balcones, la casa destacaba entre todas las que se alineaban en esa calle de una sola acera. No eran malas las otras, no; sin embargo, la casa roja era la mejor. Se adivinaba ya desde el exterior el poder adquisitivo de sus moradores. Eran gente con posibles, y el forastero lo sabía. Y la niña también lo sabía.

—Sí, aquí vive —contestó.

Algo la inquietó en la actitud de aquel forastero. Algo que no acertó en ese momento a comprender. Entonces solo comprendía lo obvio: un chico muy guapo, muy bien informado sobre dónde vivía Beatriz, la buscaba sin conocerla. Ignoraba si eso era bueno o malo.

—¿Sabes si saldrá esta tarde?

—Creo que sí —respondió—. Todas las tardes salimos —añadió con pueril candidez.

—Dile, si la ves, que quiero conocerla.

La niña ni negó ni afirmó. Se quedó por un momento paralizada observando cómo se alejaba con paso firme hacia el Paseo Real aquel apolíneo y esbelto joven. Le faltó tiempo para correr a la puerta de la casa roja para buscar a Beatriz. «¡Qué suerte!», pensó. Se pondrá muy contenta cuando sepa que un forastero tan guapo la busca.

—¡Bea!, ¡Bea!

La puso al tanto de todo, salvo de su inquietud. Había algo en ese forastero que no le gustaba, pero no alcanzaba a saber qué podría ser.

—¡Es guapísimo, Bea, guapísimo! Y ha preguntado por ti. ¿Vas a salir?

—Seguramente saldré, aunque mi madre se encuentra hoy malusquilla. Sí, sí, saldré. Si mejora, saldré —afirmó entusiasmada.

—Si sales, nos veremos en el Paseo.

De un brinco y en un segundo, la niña se plantó en su casa. Nunca llegó a saber con certeza si se encontraron aquella noche Bea y el forastero. Sus inoportunas anginas le impidieron saciar su curiosidad. La fiebre y el comienzo de la escuela la absorbieron en los días posteriores. Sin embargo, sí recordaba que algún día de aquel otoño se habían conocido. Alguien le dijo que Bea salía con el forastero, que ya había hablado con el padre de su amiga y que este le había dado permiso para iniciar una relación. Un día, por azar, oyó que su padre hablaba con su madre de Bea, y prestó atención.

—La hija de José tiene novio. Es forastero. Está terminando la carrera. José está muy contento con este noviazgo. Por fin podrá olvidar al otro.

El otro era Luis, el legal, el conocido, el paisano. La niña sabía que este joven, guapo e inteligente, por el que sentía entrañable afecto, no le gustaba al padre de su amiga como yerno. Se negaba a emparentar con esa familia. Eran enemigos irreconciliables. Los nuevos Montescos y Capuletos de su pueblo. Estaban en las antípodas ideológicas. Separados por la brecha de la intolerancia de las dos Españas. A Romeo y Julieta los unió la muerte. A Bea y a Luis los separaba la intransigencia y la irrupción oportuna de un forastero.

Con el paso del tiempo la niña se convirtió en una jovencita. Nunca supo si preguntó por otra chica algún otro forastero, porque, apenas cumplidos los dieciséis, abandonó el pueblo tras una desgracia familiar. Siguió con su vida en otras tierras. Se dedicó a otras empresas. Nunca volvió a jugar con su diábolo. En la distancia le llegó la noticia del casamiento de Bea con el forastero. Supo que seguía bellísima y que había sido madre en varias ocasiones. Y supo también que aquel atractivo forastero, que un día la buscó sin conocerla, dilapidó su fortuna y a punto estuvo de arruinar la propia vida de su amiga. Comprendió entonces el motivo de su rechazo hacia aquel joven. Dicen que se marchó. Tal vez por las mismas escaleras que, desgraciadamente para Bea, lo condujeron hasta ella. Solo aquella suntuosa casa roja se salvó de su desmedido afán por la vida fácil. Y en esa casa, cuna de sus ancestros, su amiga recuperó la alegría y la vitalidad que le fueran arrebatadas un día cualquiera, ya muy lejano, de aquel nostálgico setiembre.

Y allí continúan intemporales aquellas escaleras, como testigo impertérrito del trasiego de otras niñas, que han podido y podrán ser abordadas por otros codiciosos forasteros.

EL FANTASMA DE LA CANTERA

*…y que el miedo del hombre
ha inventado todos los cuentos.*
León Felipe

Oyó pasos por el corredor. Suaves y cadenciosos pasos que se aproximaban. Aguzó el oído. Cada vez estaban más cerca. Se sobresaltó. Podrían ser los de su madre. Sí, sería su madre. Se tranquilizó momentáneamente y siguió atenta a aquel sonido que le robaba silencio a la noche ¿Su madre a esas horas? Imposible. No acostumbraba ella a deambular por la casa de madrugada. Y tenía que ser temprano, muy temprano.

Se sentía cansada. Le faltaban horas de sueño. Seguro que aún no había amanecido. Se alarmó. ¿Quién podría ser? Los pasos se dirigían inequívocamente hacia su habitación. El corazón empezó a latirle con mayor intensidad. Como un resorte se incorporó en la cama y controló la única puerta de acceso a su santuario. No le gustaban las sorpresas. Empezó a sudar. Los pasos seguían acercándose. ¿Sería una pesadilla? Se prometió no leer nunca más relatos de terror ni ver películas de miedo. La de anoche la había sobrecogido. Tuvo que taparse los ojos ¿Y si era un asesino? ¿Y si era el alma errante de algún difunto? ¿Y si era un fantasma? Sentía el corazón a punto de estallarle. Temblaba. Apenas pudo frotarse los ojos con la palma de su mano derecha, pero aclaró algo su vista a la espera de la imprevista aparición. Entonces vio cómo la hoja de la puerta iba abriéndose poco a poco, muy despacio, a ritmo de vals. Quiso gritar, pero el grito se ahogó en su garganta. Abrió mucho los ojos y ante su vista se mostró la imagen de una mujer.

—¡Mamá! —pudo exclamar al fin—. ¡Me has asustado! Creí que era un fantasma.

—Sí, sí, un fantasma. El fantasma de las sábanas blancas —dijo su madre, esbozando una burlona sonrisa—.Venga, venga… Menos fantasía y más acción. Hay que levantarse. La escuela te espera.

Se acercó, le dio un beso y le indicó dónde se encontraban el uniforme, el abrigo, la bufanda y sus botas. Aquellas botitas de piel con cordones, hechas a mano para cada invierno por el zapatero del pueblo. El calzado fino con su pelotita de goma como regalo se reservaba exclusivamente para los domingos y fiestas de guardar.

—Y esta noche, nada de tele ni de cuentos, que luego tienes pesadillas —le advirtió en ese tono sereno, cariñoso y dulce, muy dulce, que solo su madre sabía dar a las frases, incluso cuando le regañaba.

Se quedó sola y pensativa. Su madre tenía razón. Esas historias la alteraban. No había dormido bien. Posiblemente habría tenido pesadillas; sin embargo, no recordaba nada, absolutamente nada, y no tenía tiempo para recordar. Debía frenar su interés desmedido por todo lo que sonase a irreal. Tenía que hacerlo. Le iba a costar. Le atraía demasiado lo misterioso.

Se aseó de prisa y se vistió con la misma rapidez. Bajó las escaleras de dos en dos y se plantó en la cocina en un santiamén. Estaban todos desayunando, menos su padre. Estaría ya en el hospital. Se bebió de un trago su colacao y envolvió el mollete en un papel de estraza. Se lo comería en el recreo. Su madre la repasó con la mirada y le colocó en orden el flequillo.

—Tus hermanas te esperan en el zaguán. Date prisa y abrígate bien, que hace un frío que pela —le dijo. Y prosiguió con sus tareas domésticas.

Se abrochó el abrigo hasta el último botón, se caló el gorro hasta las orejas y se envolvió el cuello en su bufanda-manta. Los guantes para el final. Primero, el izquierdo; después, una vez localizada su maleta escolar, colocó en su interior el mollete, vistió su mano derecha y cargó con el equipaje de trabajo. ¡Cómo pesaba! Tendría que aligerarla.

Allí estaban sus hermanas, totalmente envueltas en prendas de abrigo. La mayor la cogió con fuerza de la mano. Era su guardiana protectora. La habían cargado con esa responsabilidad. Ella la asumía y la cumplía al pie de la letra. Las tres partieron camino del colegio.

Al salir, reconoció que su madre tenía razón una vez más. ¡Hacía un frío del demonio! Todas las sierras que rodeaban el pueblo estaban nevadas. «Si ha nevado, habrá charcos congelados», pensó alborozada. Se soltó al instante de su hermana, miró al suelo y los descubrió: ¡un charco helado! Saltó sobre él con fuerza arrolladora. Brincó una y otra vez. No dejó de hacerlo hasta romper la pátina cristalizada. El frescor que llegó a sus rodillas le confirmó que la misión estaba cumplida. Se fue directa hacia el segundo. No pudo realizar la tarea. Jesusito el Gordo, su amiguito de juegos y compañero de colegio, se le había adelantado y con solo un pisotón hizo añicos la capa de hielo. Se sintió frustrada. Pero en un descuido de aquel, corrió como una exhalación hasta el tercero. No pudo culminar su obra. Una mano conocida la agarró cuando estaba a punto de iniciar su empresa.

—Vamos rápido, que es tarde —le ordenó su hermana, mientras saludaba a todas las chicas que se iban agregando al cuerpo de la procesión escolar.

Emprendió el camino hasta el colegio algo mohína. Su enfado empezó a diluirse al encontrar a cada paso a amigas y compañeras. El grupo iba aumentando a medida que se agotaba el recorrido. Las conversaciones a varias bandas eran copiosas. La algarabía de la comunidad escolar atraía la atención de los viandantes. Los saludos a los conocidos no cesaban.

—Buenos días nos dé Dios, capullitos de alhelíes, rositas de pitiminí, clavelitos mañaneros… —les deseó un convecino al que por su querencia a este tipo de apelativos se le conocía en todo el pueblo como Manolito el Pamplinoso.

Una vez en el colegio, su responsable hermana la condujo a la misma puerta de la clase.

—Luego te veo en el recreo. Que te portes bien —le rogó con su habitual ternura no exenta de autoridad.

—Vale, vale —afirmó suspirando de alivio.

Sería un segundo de libertad. Un segundo solamente, pues desde el mismo momento en que traspasase el umbral de la puerta, quedaría bajo la custodia de sor Ángela. Su hermana acababa de pasarle el testigo. Le costaba entender tanta protección. Total, si ella no pensaba ni descalabrarse ni escaparse. Odiaba las heridas y amaba ese lugar y esas gentes. No tenía pensado coger una maleta y un cojín, y partir hacia lo desconocido. Su hermano lo hizo una vez y no le gustó. A los diez minutos ya estaba de vuelta. ¿Por qué habría de gustarle a ella?

Se dirigió a su sitio y fue desparramando sobre el pupitre el contenido de su maleta. Aún no había comenzado la clase. Andaba la monja distraída en entretenida conversación con un grupo de mayores que la rodeaban. Debía de tratarse de un tema muy gracioso. Por lo menos a la hermana se lo parecía, pues se reía a mandíbula batiente, enseñando un diente dorado y brillante que a los ojos de la niña la hacía sobrenatural. Los reflejos desprendidos la obnubilaban. Semejaban a los que irradiaba el ojo de Dios de su libro. ¡Sor Ángela es un ser celestial! ¿Dormirá en el cielo?

Y siguió sacando objetos: un plumier, una libreta, su enciclopedia… Unas palabras que procedían de alguna de sus compañeras la devolvieron a la realidad. Dejó todos sus enseres sin ordenar y se acercó con presteza al grupo. Las chicas cuchicheaban con cara de miedo.

—¿De qué habláis? —les preguntó, metiendo su cabeza en el centro del corrillo, al tiempo que rodeaba con su brazo la espalda de Eloísa.

—De un fantasma.

—¿De un fantasma de película?

—No, no. De un fantasma de verdad.

—¿De un fantasma de verdad? Eso no puede ser. Mi mamá dice que los fantasmas no existen —aseveró con contundencia.

—Pues este fantasma existe. Mi padrino lo ha visto. Y mi padrino nunca miente. Existe. Está aquí en nuestro pueblo y siempre sale por la misma calle —confirmó Eloísa, afianzando sus argumentos—. Existe. Lo han visto muchas personas. Mi vecina

María la Vinagre también lo ha visto. Lleva una sábana blanca con agujeros en los ojos y una extraña luz en la cabeza.

—¿En una calle del pueblo vive un fantasma? Pues yo nunca he visto un fantasma en ninguna calle —manifestó con rotunda seguridad.

—Pues claro que no lo has visto, so tonta. Aparece por la noche a partir de las doce, y a esa hora solo salen los mayores —apuntilló victoriosa Eloísa.

—¿Y por dónde?

La niña no pudo finalizar su pregunta. Unas palmadas acompañadas de un silencio absoluto atrajeron su atención. Todas se volvieron mirando al frente. La monja profesora había decidido poner fin a los corrillos y dar por acabadas las charlas.

—Venga, a vuestros pupitres. Empezamos la clase. ¡Todas a vuestro sitio! No os hagáis las remolonas. Venga. Vamos a empezar la clase. Recemos.

—Dios te salve, María…

Mientras rezaban a coro la oración rutinaria, la niña movía los labios y juntaba sus manitas con un aire entre devoto y ensimismado. Cualquiera que la observara podría pensar que era una santa Teresa de Jesús en miniatura a punto de alcanzar el éxtasis, pero su cabeza no andaba en el cielo. Tampoco su corazón. Una estaba ansiosa de conocer por dónde transitaba ese fantasma. El otro palpitaba a un ritmo más acelerado de lo normal. ¡Un fantasma en el pueblo! Tan cerca… ¿Por qué en su pueblo? ¿Qué lo habrá traído aquí? ¿Qué pretenderá? Era incapaz de centrarse en la explicación de su maestra. La miraba, sí, pero su mente se perdía en otras tareas. Quería que el tiempo corriese a la velocidad de un rayo. Quería que llegase ya la hora del recreo. Quería saber exactamente por dónde se movía ese convecino espectral. No pasaría nunca por esa calle. Podría existir, podría pasearse por el pueblo, pero si ella evitaba su territorio, estaría a salvo. Siempre habría otras opciones y otros atajos para llegar a cualquier destino. Esa sería su estrategia para librarse de él. Y sonrió satisfecha de su ocurrencia.

Pasó la mañana esperando que el timbre anunciase el anhelado parón matinal. El tiempo se le hacía eterno, pero acabó sonando. Por fin sonó. Entonces, guardó de prisa todo el material en el cajón del pupitre y corrió al encuentro de Eloísa.

—El fantasma, el fantasma ese, ¿por dónde se aparece? —preguntó jadeando—. ¿Por dónde?

—Un momento. Espera que coja mi comida.

Recordó que con las prisas se había olvidado de la suya, pero le daba igual. Antes había que alimentar el espíritu que el cuerpo. ¿O era al contrario? ¡Qué más daba! Esperó impaciente a su compañera.

—Ya estoy lista. Vámonos al patio.

—¿Por dónde se aparece? —insistió, cogiéndola del brazo.

—Por la calle del Manantial. Ya al final, en la cantera, a la salida del pueblo.

—¿Por la calle del Manantial? —repitió aterrorizada—. Pero si esa calle está cerca de la mía.

Por las escaleras de acceso al patio de recreo se encontró con un rostro familiar, que se le acercó.

—¿Te has tomado ya el bocadillo? —le preguntó solícita su hermana.

—Sí, sí —mintió.

No se encontraba con ganas para dar muchas más explicaciones. Necesitaba digerir esa última información. Necesitaba tranquilidad para urdir una estrategia. No quería interrupciones. Un fantasma cerca de su casa. ¡Peligro inminente!

Se sentaron en el banco. Eloísa a lo suyo. Devoraba con fruición un trozo de pan de canto con aceite y azúcar. Lo acompañaba de una onza de chocolate. La niña también estaba a lo suyo. Con la mirada perdida, andaba buscando soluciones para eludir la fantasmagórica visión. Unas amigas de juegos se acercaron:

—¿Os venís a jugar a la goma? —les propuso Antoñita, mostrando orgullosa una blanca, ancha y reluciente goma de varios metros, que habría cogido de la pasamanería de sus abuelos.

—Yo, no. Aún no me he comido el mollete —alegó a modo de pretexto.

—Yo, sí —afirmó Eloísa mientras deglutía el último bocado.

¡Para gomas estaba ella! Absorta en sus pensamientos, vio sin mirar cómo Eloísa se marchaba siguiendo la estela del mecanismo casero. Y vio sin mirar cómo desplegaban el mecanismo, se lo pasaban por los tobillos y se ponían a la tarea de cada día. Otra chica saltaba en el centro realizando piruetas, esas piruetas que tanto le gustaban. Ni siquiera sintió la tentación. Ahora tenía un reto mayor.

Se le hacía inacabable el recreo. Ni quería jugar ni podía pensar. El miedo había atenazado sus neuronas y paralizado su raciocinio. Presentía que la mañana se le haría interminable. Se le hizo. ¡Menos mal que la sor no la había sacado a la pizarra! Estaba segura de que no hubiera dado jota con pelota. Por lo menos se había librado de un negativo. No todo iba a ser nefasto ese día.

De regreso a casa, su hermana la notó muy callada.

—¿Qué te pasa? ¿Estás enferma?

—Nada. No me pasa nada.

—¿Te ha regañado sor Ángela?

—No, no he hecho nada malo. ¿Por qué me iba a regañar?

—Pues tú estás rara. Le diré a mamá que te ponga el termómetro.

Ya en el portal se encontraron con sus hermanos. Aprovechó el bullicio para zafarse bruscamente de su cadena fraternal. Se hallaba muy excitada. Le faltaba tiempo para informar a su madre. Quería sacarla de su error. Los fantasmas existían, y uno se había instalado en su pueblo. Tenía que saberlo. Había que protegerse ante una posible visita. Se empinó y tocó con los nudillos la enorme puerta de madera de roble. No llegaba a la aldaba. Alguien se le adelantó y la hizo sonar por encima de su diminuta figura.

—Mamá, mamá. Abre, tengo que decirte algo muy importante. ¡Abre pronto!

El portón que daba entrada a la vivienda se abrió. Sus hermanos entraron a saco hasta la cocina. Ella se esperó. Con un tirón de la falda llamó la atención de su madre, que miraba y saludaba a su nutrida prole.

—Hay un fantasma en el pueblo. ¿Lo sabías? Y es de verdad, de carne y hueso. Y vive muy cerca de aquí —dijo mientras le daba un beso—. ¡Muy cerca de aquí!

—Pues tendrás que comer más si has de vértelas con un fantasma de carne y hueso —expresó la madre con ironía—. Anda, entra y lávate las manos, que vamos a almorzar pronto. En casa estarás segura. Aquí no vendrá ningún fantasma.

¿Segura en casa? Pero qué decía su madre… En esa casa antigua nadie podía estar jamás seguro. Ni los pequeños ni los mayores. ¿Ya se había olvidado del día en que oyeron pasos de madrugada? Todos se levantaron. Su padre capitaneaba el grupo. Uno de sus hermanos incluso agarró el sable viejo de un tatarabuelo; otro, una escopeta de plomillos. Hasta su madre se levantó. Resultó ser un gato el que andaba merodeando por las escaleras. Todos rieron al verlo, pero el susto que habían pasado no se lo quitaba nadie.

Esa casa no era segura. Su madre tenía que saberlo porque ella, que era muy pequeña, lo sabía. Tal vez creyera que era segura por las dos fuertes y enormes puertas de acceso. Tan grandes y resistentes como las de los castillos medievales de sus cuentos de hadas. La de la calle, del color del alquitrán y rematada con clavos, era el primer impedimento con el que se encontraban los extraños. Parecía inexpugnable. Pero esa puerta nunca se cerraba durante el día. ¿Cómo podría garantizarle su defensa una puerta siempre abierta de par en par? Su padre era el culpable. Bueno, su padre no. ¡Qué culpa podía tener quien sólo pensaba en trabajar y trabajar para mantener a toda esa numerosa descendencia! La culpa la tenía su profesión.

Pasaba consulta también en casa. El despacho-clínica tenía una puerta independiente con acceso al zaguán. Los pacientes podían llegar en cualquier momento y las vías tenían que estar despejadas. Se cerraba bien entrada la noche y con todos dentro, pero durante el día era como el que tiene un tío en «Graná», que ni tiene puerta ni tiene «ná». También era sólida la de entrada a la vivienda, más fiable. Pero había muchos niños sueltos en casa. Entraban y salían de continuo. Se la dejaban abierta con frecuencia sin hacer caso de las recomendaciones maternas. Uno que se iba, otro que entraba… ¡Nada! ¡Que no!, que esa casa no era segura. Los muros eran gruesos, eso sí. Difícil se lo pondrían a los fantasmas. Les iba a costar mucho filtrarse por las paredes. Pero si conseguían entrar por cualquier resquicio, no faltaban recovecos y estancias desprotegidas donde esconderse. Ahí estaba el desván, el siniestro desván. ¡Uf! Con su esqueleto y todo franqueando la entrada, para que no le faltase de nada. Pertenecía a su hermano mayor. Lo necesitaba para aprender anatomía. ¿No podía estudiarla en los libros como hacían en su colegio? Lo habían sacado de un osario de la iglesia. Lo descubrieron debajo del coro cuando buscaban un tesoro. Un vecino del pueblo tuvo un sueño. Soñó con el tesoro y con el lugar. El cura lo creyó. Cavaron y encontraron huesos y más huesos del año de Maricastaña. Taparon el osario. Solo se quedó entre los vivos su pesadilla ósea. A su hermano se lo dio el párroco. Todo legal. Y allí estaba la osamenta presidiendo la entrada al desván. Era su cancerbero. Se había quejado una y mil veces. No quería verse las caras con aquel engendro. No le hacían caso. ¡Eres una miedica! Hay que tenerles miedo a los vivos. Le repetían sus padres una y otra vez. Con eso lo arreglaban. Pero el arcaico esqueleto seguía allí inmutable para amargarle sus días y sus noches. Y era una miedica, sí, pero también la que más visitaba aquella buhardilla hostil. En ella guardaba su madre de todo: conservas, frutas, embutidos de la matanza, de todo. Siempre necesitaba algo y siempre le tocaba a ella subir. Se escabullía cuando podía, pero la mayoría de las veces no encontraba forma de escabullirse. Entonces subía temerosa las escaleras mirando a diestro y siniestro, y para atrás, tarareando cualquier canción para apartar sus miedos. A cada paso llamaba a su madre para asegurarse de que alguien sería testigo de su muerte, porque sabía que nadie podría socorrerla si aquel esqueleto medio desmembrado cobraba vida. No había día en el que no realizase tamaña proeza. No había semana en la que no arriesgase su vida en varias ocasiones. Y ningún mayor atendía a sus súplicas. Se reían. ¡Claro!, como ellos no afrontaban ese martirio diario… Ya le hubiera gustado verlos en su lugar. Seguro que habrían mandado al huesudo esqueleto a dormir de nuevo el sueño de los justos.

¿Y las puertas? Aquella casa tenía puertas a porrillo. Estuvieras donde estuvieras siempre había una puerta fuera de la vista. Puerta por aquí, puerta por allá, puerta arriba, puerta abajo, una, dos, tres y casi cien. Nunca podías tener las espaldas cubiertas. Si una casa con dos puertas cuesta guardarla, ¿cómo podría guardarse una casa así? ¿Y la terrorífica y sombría despensa? Cuajada de tinajas enterradas en el suelo con bocas tan enormes como la del ogro de Pulgarcito. Su madre no la utilizaba, porque los tiempos habían cambiado. Pero allí estaba ella sobreviviendo con una única misión: la de inquietarla. Y el pozo y los patios altos. Siete llegó a contar. ¡Demasiados! No, no le gustaba esa enorme casona vetusta y espeluznante. ¿Por qué no vivían en una casa tan recogidita como la de Carmen la Telesfora? Solo una habitación multiusos, una planta y una sola puerta de entrada. Sin zaguán. Todo a la vista. Allí no había abertura, esquina o pared que no se controlara. Esa sí que era una casa como Dios manda. Una casa segura. Lo que daría por vivir en una casa como la de Carmen. Lo decía, pero nadie atendía sus ruegos. Como era pequeña, sencillamente la ignoraban.

La tarde en el colegio solo tuvo tintes navideños. Su monja profesora les programó todas las actividades: villancicos, belenes y una obra de teatro. Le dio un papel. Pequeñito, sí. Una frase. Suficiente. ¡Qué ilusión! Era un reto. «Soy un pastorcito y vengo a adorar al Niño Dios». ¿Sería capaz de actuar sin ruborizarse? Le daba corte. Su debut como actriz ocupaba toda su atención. El fantasma de la cantera quedó relegado. Puso empeño en representar bien su papel. No pudo ser. Se aprendió la frase. Le salía bien en los ensayos, pero el día del ensayo general se fastidió el asunto. Se rio y no pudo soltar ni una palabra. ¡Menuda pinta tenía con aquella zalea, aquella barba y aquel bigote! Como para no reírse… Sor Ángela se enfadó y le quitó el papel. Jesusito lo haría. Otra vez Jesusito. ¡Su enemigo! ¡Su «chafador» de planes! ¡Qué humillación! «Tú serás el ángel», le dijo la monja. Mera decoración. Era duro, pero lo superó. Al fin y al cabo estaba más guapa así. Con sus alitas y su túnica blanca y dorada. «No hay mal que por bien no venga», pensó.

Pasó la Navidad entre zambombas, juegos, mantecados y regalos de Reyes. Muchas ocupaciones y muchas alegrías. Tras ella, el gélido invierno fue abriendo paso a la primavera. Los días iban haciéndose más largos y los juegos en la plaza se multiplicaban. Olía a azahar y el sol llenaba de esperanza su pueblo. Se había olvidado del fantasma. Los ruidos ya no eran susurros ni lamentos. Las sombras no denotaban presencias de ultratumba. La luz lo llenaba todo de júbilo. Solo alguna vez, cuando avistaba la calle del Manantial, sentía un repelús instantáneo al recordar a su temible enemigo. Apartaba los ojos de la calle y ¡chas!, ya no había fantasma. Ese era su truco.

Las zambombas fueron abriendo paso a los tambores. Así, poco a poco, sin brusquedades. Se acercaba la Semana Santa. Un día, después de la comida, su madre se dirigió a sus hermanas:

—Mañana vamos a ir la modista. La niña también viene. Id pensando en la hechura de los vestidos. En la estantería de la salita tenéis los figurines.

—Bien, bien, a la modista —dijo la niña rebosante de júbilo.

—A las cuatro, todas preparadas. Nos recogerá Serafín.

—¿Serafín también vendrá a la modista? —preguntó inocentemente la niña.

—Anda, anda, pero qué preguntas tan tontas haces —dijo una de sus hermanas—. Nos llevará en su coche. Vamos a la ciudad.

—¿A la ciudad? —preguntó con ojos de espanto.

—¡Claro! A la ciudad. Allí es donde vive la modista de mamá.

¡Tate! ¡El fantasma! Sí o sí, había que pasar por el lugar de marras. La calle de El Manantial era la única salida del pueblo. ¿O vestido o fantasma? Si iba, se moriría de miedo. Si se quedaba, no habría vestido que estrenar para el Jueves Santo y se quedaría sin mano[25]. Su madre le había dado el día y, sobre todo, la noche. ¡Ea! Ya estaba el fantasma rondándola. Otra vez el dichoso fantasma. Y ahora, ¿qué haría? Por lo pronto ya le habían amargado la noche. ¿Cómo iba ella a dormir tan pancha sabiendo la amenaza que la acechaba? Primer objetivo: salvar la noche. No quería dormir sola en su cama. En cualquier sombra apartada podría irrumpir el espectro. Segundo objetivo: sobornar a una de sus hermanas para

---

25   Alusión al refrán «Domingo de Ramos, quien no estrena no tiene manos», alterado en la mente infantil, porque en su casa era tradición lucir la ropa nueva el Jueves Santo.

que la acogiese en la suya. Le costó un billete de cinco pesetas recién salido del banco. Lo tenía guardado como oro en paño desde que se lo regalara su hermano mayor el día de su santo, y ahora pasaría a manos ajenas. Y todo por el maldito fantasma. Al menos, dormiría tranquila, aunque sus ahorros se consumieran. Bien perdidos estaban.

Al día siguiente se pusieron todas muy guapas, vestidas de domingo. Su madre estaba deslumbrante. Era alta y esbelta y de rostro muy agraciado. Aunque siempre andaba arreglada en casa, no era lo mismo. Cuando salía embutida en su maravilloso traje negro entallado, parecía una actriz de Hollywood. Los pocos convecinos que circulaban por la calle la miraban con admiración y con sorpresa. No era su madre asidua de esos parajes. Muchos hijos y su tendencia a la intimidad la mantenían fiel a su hogar. Solo en contadas ocasiones se la veía lucir su belleza por las calles. Las visitas estacionales a la modista era una de ellas.

—Mamá, estás muy guapa. Eres la madre más guapa de todos los pueblos del mundo.

—¿Y cuántos pueblos del mundo conoces tú?

—Por lo menos, por lo menos, ¡seis! —exclamó la niña después de contar con los dedos.

—Anda, anda, que eres muy zalamera y muy exagerada. Tú sí que eres bonita.

Se oyeron golpes en la puerta. Mientras las mayores cogían sus bolsos, la niña corrió a abrir el pesado portón.

—Buenas tardes, niña. ¿Está tu madre?

—Sí, ya viene. Mamá, Serafín.

Salió la madre escoltada por sus dos mujercitas. La niña presidía el cortejo. Calzaba sus zapatos de domingo con sus calcetines blancos. La melena a tirabuzones se recogía con un hermoso lazo azul a juego con el color del vestido de organdí con manguitas de farol. Se completaba el atuendo con una rebeca blanca de croché. Su hermana mayor tenía una habilidad especial para labores y no había nada que se le resistiera. Le gustaba hacerle vestidos y rebecas y calcetines. Siempre la arreglaba como si fuera una muñeca. ¡Qué guapa iba! Se lo había dicho su padre. ¿Dónde va hoy tan guapa mi niña? Y ella se había puesto muy contenta.

El coche estaba aparcado en la misma puerta. Quiso sentarse detrás con su madre, pero por consenso unilateral ya estaba decidido que ella iría de copiloto. Nadie había contado con ella. No quería ir allí. Se negó con todas sus fuerzas. Nada pudo hacer en contra de la firme decisión de las tres mujeres. No entendía a los mayores. ¿No era más lógico que ella, que ocupaba menos sitio, fuera detrás? De esta forma, estarían todas más cómodas. Pues no. Por alguna oculta razón, ella tenía que ir junto al chófer, divisando todo el panorama, y eso era lo último que quería en el mundo.

—Tú, delante, con Serafín. Se acabaron las discusiones —ordenó enérgica su madre.

Se calló. No le serviría de nada protestar. Su lugar en el coche estaba sentenciado. No iba a gastar energías en balde. Tenía que concentrarse en su problema. ¿Cómo rehuir la visión de los lugares por donde, llegada la noche, transitaba el fantasma? Cerraría los ojos, pero la vería Serafín. ¿Y si le preguntaba? Tendría que explicarle por qué lo hacía, y no quería. No quería que nadie más, fuera de los muros familiares, supiera de sus temores. Le daba vergüenza mostrarse vulnerable en público. Mucha vergüenza.

El coche bajaba despacio la pendiente que conducía hacia la salida. La niña miraba al frente sin inmutarse, como si llevara orejeras invisibles. Cada vez sentía más cerca el temido lugar. No quería mirar, pero miró. Era de día. No habría fantasma, aunque le bastaba con saber que ese era el lugar habitual por el que se movía. Involuntariamente miró a la cantera. Iluminada por la luz del sol, no parecía el lugar idóneo para fantasmas. Además, se veían hombres con atuendo de trabajo. Había animación. Allí no podía vivir un fantasma. A esas horas no. Suspiró aliviada e instintivamente miró a la acera de enfrente. Entonces vio la casa, la casa por donde decían que desaparecía la visión. Una casa pequeña, desvencijada, de dos plantas. No tenía balcones, solo ventanas diminutas, con rejas llenas de orín. La madera, carcomida. La cal blanca de la pared se había vuelto casi marrón y toda ella se hallaba plagada de desconchones. ¡Qué horror! Allí no podía vivir nadie. Era imposible. Y no pudo dejar de preguntarse por dónde entraría el fantasma y por qué precisamente siempre merodeaba por esa casa y no por otra. No le encontraba explicación. ¿Será el azar? ¿O tal vez vivió otra vida dentro de aquella casucha? ¿La habitará alguien? Si viviera alguien en aquel insignificante y ruinoso habitáculo, ¿quién podría ser?, ¿qué aspecto tendría? Sintió curiosidad. Los mayores lo sabrían. Si preguntaba, delataría su miedo. Además, no le iban a prestar atención. Estaban en sus cosas: que si las mangas, que si el talle, que si la moda… Pero quería saber. La curiosidad la mataba como al gato, así que se envalentonó.

—Mamá, en esa casa dicen que entra el fantasma de la cantera —lo soltó esperando algún rapapolvo—. ¿Vivirá alguien allí?

Ninguna de las mujeres respondió. O no la escucharon, o no quisieron oírla. Estaban metidas en sus hechuras. Sólo Serafín se hizo eco de sus palabras.

—Claro que vive alguien. Ahí vive Mariquita la de Engracia. Y que yo sepa no se queja de las visitas del fantasma —dijo guiñándole un ojo—. Tiene que ser un fantasma dadivoso y bonachón.

No entendía nada. ¿Un fantasma bonachón? Estos mayores definitivamente estaban locos. Los fantasmas de sus cuentos eran malos. Llevaban cadenas. Hacían ruidos infernales. Su apariencia era terrorífica. En ninguno de sus cuentos la gente se alegraba de su presencia. Es más, se horrorizaban. Incluso sufrían ataques y morían o desaparecían. Nadie quería vivir con fantasmas. ¿Y Mariquita la de Engracia era feliz con esas visitas?

—Anda, niña, no seas pesada. Deja tranquilo a Serafín. ¿No ves que va conduciendo? Serafín, no le haga caso. Anda obsesionada con el fantasma. Lee demasiados cuentos de miedo y los chismes que corren por el pueblo encuentran caldo de cultivo en su febril imaginación —dijo su madre.

—No pasa nada, señora. Los niños son muy susceptibles ante este tipo de consejas. Y últimamente se habla mucho de este tema en el pueblo. Ellos no tienen maldad.

—Sí, sí. Eso es cierto —dijo su madre sonriendo.

Las hermanas también sonreían, aunque algo azoradas. La niña lo notó.

—Os habéis puesto coloradas. ¿Por qué os sonrojáis? Quiero saberlo…

—Cállate ya, charlatana, y mira al frente, que te vas a marear y no hemos echado ninguna bolsa —la exhortó la madre.

Entonces calló, miró al frente e intentó olvidar. El campo se abría a sus ojos. El paisaje la embriagaba. Las hileras de olivos sistemáticamente dispuestas corrían a su paso. Nunca desaparecían. El verde aceituna contrastaba con el color grisáceo de las lomas y con el blanco albar de los almendros florecientes. Todo un espectáculo. Olivos, olivos y más olivos.

Pararon en el paso de nivel. Las cadenas estaban echadas. Un hombre bajo y regordete, tocado con una gorra, agitaba una banderola roja. Era Rafael, el compadre.

—Buenas tardes, señora. Hola, niñas. Me alegro de verlas. ¿Dónde van ustedes? Elvira, ven, la familia de don Remigio —precisó mientras vociferaba a su esposa.

—Vamos a la ciudad, Rafael. ¿La familia bien?

—Aquí las tiene a todas. Muy bien. ¿Y don Remigio? Dele recuerdos. Nos veremos en Semana Santa. Subiremos el Jueves Santo.

Se acercaron al coche dos muchachas de muy diferente edad. Detrás asomaba la cara de la señora Elvira. La mayor, Carmen, era alta y llenita. Tendría unos quince años y estaba ya en edad de merecer. De cara redonda, irradiaba la misma bondad que su padre y el mismo olor a Maderas de Oriente que su madre. Tenía la tez rosada y aterciopelada como el melocotón. También en esto había salido a la madre, que las saludaba, mientras se secaba las manos en el delantal. La pequeña, Sierrita, delgada y muy espigada, se arrimó a la ventanilla delantera y cuchicheó algo al oído de su amiga. Pasó el tren y silenció a su paso las palabras. Serafín metió la primera e hizo ademán de emprender la marcha. La familia se apartó del Ford negro. El coche siguió su camino entre despedidas.

—Adiós. Nos vemos en las fiestas. Que tengan ustedes un buen viaje —dijo la familia al unísono.

—Adiós, hasta la vista —contestaron los viajeros.

Rodaron un tiempo en silencio. La niña pensaba en la oferta de Sierrita. Por supuesto que sí. Pasaría con su amiguita del alma los últimos días de las fiestas. Le gustaba aquella casa perdida entre olivares y le gustaba aquella familia. Ya encontraría la forma de convencer a sus padres. La encontraría.

Pronto asomó la ciudad tras la penúltima curva. La niña se relamía pensando en lo que significaba eso. Vestido nuevo, sí, pero, sobre todo, chocolatinas, muchas chocolatinas. Chocolatinas tan grandes como monedas de cinco pesetas, pero más jugosas y apetecibles. Y caramelos. Le gustaban los que simulaban naranjas y limones con sus gajos correspondientes. ¡Le gustaban mucho! Su padre siempre le traía alguno cuando iba a la ciudad. Siempre.

Serafín paró en la puerta de una confitería donde una mujer conocida las esperaba. Era Matilde, la novia de su hermano mayor. Una joven alta y morena, con muy buena compostura. Ella la quería. Era noble y cariñosa, y además sabía ganársela. No había vez que no le regalase chocolatinas. A su lado, su hermano mayor, muy atildado, que iba todos los días a verla para pelar la pava. Las acompañaron todo el tiempo. Matilde incluso la ayudó a elegir sus zapatos veraniegos de pulserita. Muy bonitos.

Cuando terminaron sus gestiones, regresaron a la tienda. Su futura cuñada le tenía preparada una bolsa de chucherías. Mientras los mayores hablaban de sus cosas en la trastienda, sentados alrededor de una mesa, la niña saboreaba sus chocolatinas. Tocó el paquete y notó por el grosor que quedaban pocas. No comería más. Serían para su padre. Quería corresponderle. Ellas ahí, divirtiéndose, y su padre en el pueblo trabajando para mantenerlas. No le parecía justo. Salió a jugar a la puerta con su paquete bien agarrado. No lo soltaba. Al rato la llamaron:

—Vamos, niña, despídete, que nos marchamos.

Los padres y las hermanas de Matilde también salieron a despedirlos. En la calle, aparcado a pocos metros de la puerta, se hallaba el Ford. Serafín de pie, a su lado, le daba las últimas caladas a su Celtas corto.

—Tú te sentarás conmigo detrás —decretó su madre.

—¿Y quién irá delante? —preguntó la niña.

—Nadie. Tu hermana regresará en la vespa con Remigio. Esta vez Serafín se quedará sin copiloto parlanchín.

¡Qué bien! Ahora se iba a librar del panorama espectral que la aguardaría al entrar en el pueblo. Porque llegarían de noche y no le hacía ninguna gracia contemplar aquella zona sumida en sombras. Se acomodó al lado de su madre y se recostó en su regazo. Así lo hacía muchas tardes, saltando sobre su falda, cuando su madre se sentaba en el salón tras los visillos para descansar de las tareas domésticas. Era el momento mágico del día. Ansiaba que llegase ese oasis maternal que a ella tanta paz y amor le daba. Siempre se dormía, aunque no estuviera cansada. Ahora sí lo estaba. La tarde había sido agotadora. No sabría decir cuándo la venció el sueño, pero se durmió. Un zarandeo en el brazo la volvió a la realidad. Estaban en casa. Salió del coche trastabillando y corrió al encuentro de su padre.

—Papá, mira, te he traído un regalo. Toma. —Le entregó la bolsa de chocolatinas a la par que le daba un beso.

—¡Vaya! Esta bolsa debía llevar un ratoncillo incorporado. Se las ha comido casi todas —dijo el padre en tono burlón.

—Todas no, papá. Te he dejado la mitad. Es que no pude aguantarme.

—Gracias, bonita. Eres una niña muy generosa. La mitad son demasiadas para un viejo como yo.

—Tú no eres viejo. Aunque seas calvo, no eres viejo. Además eres muy guapo. Tan guapo, tan guapo como Yul Brynner.

—¡Huy, huy! Algo busca mi niña con tanto piropo.

—¡Ah, papá! Una cosa: Sierrita me ha invitado a pasar en su casa de la estación los últimos días de las vacaciones. ¿Me dejarás ir? —preguntó acariciándole la cara.

—Lo hablaré con tu madre. Ya sabía yo que tanta zalamería me iba a pasar factura —dijo sonriéndose.

En su casa ya olía a roscos y a magdalenas. El trajín en la cocina era continuo. No cabía tanta gente allí, pero todas las mujeres estaban atareadas, y los niños no dejaban de entorpecer. Ellos ayudaban, sobre todo a que las fuentes perdieran altura. Manos pequeñas que se deslizaban furtivas entre las mesas y manos blancas de harina que las retenían. Una auténtica batalla.

Cuando se acabó de emborrizar el último rosco, la cocina se despejó y todas sus moradoras acudieron a adecentarse y a vestirse de gala. Por la tarde salía la procesión de la Vera Cruz.

Toda la familia estrenaría sus trajes. Ella se arregló la primera y esperaba al resto de las mujeres sentada en el escalón. Pensaba en las imágenes de la procesión. Hoy saldrán tres. Contó con sus deditos. El crucificado, su madre, la Virgen de los Dolores, y San Juan. ¿San Juan otra vez? Siempre iba en todas las procesiones. A la niña le sorprendía que este santo estuviera hasta en la sopa. En su libro de Historia Sagrada decían que era el apóstol más joven. ¡Claro! Ahora lo comprendía. Se cansaba menos. Por eso callejeaba tanto. Había otra cosa que no le cuadraba de las procesiones: el jueves salía el Cristo crucificado, o sea, muerto, y al día siguiente El Nazareno, vivito y coleando, aunque muy magullado. ¡Eso no era normal! Si está muerto hoy, ¿cómo va a estar vivo mañana sin haber resucitado siquiera? Estos mayores organizaban las cosas sin pies ni cabeza. Se equivocaban una vez y repetían el error, porque a medianoche sacaban de nuevo una cruz acompañada por penitentes, que paseaban las calles en el mayor de silencios y en la más agónica oscuridad. Esa procesión la estremecía. ¡Daba miedo!

Alzó los ojos y los vio. Los compadres y sus hijas se acercaban calle arriba acompañados de amigos y conocidos de la estación. Venían andando al pueblo para cada fiesta. El Jueves Santo nunca faltaban.

—Hola, guapa. ¿Están tus padres en casa? —preguntó la señora Elvira.

—Sí, están terminando de arreglarse.

—Mamá, papá, los compadres —avisó con alegría.

—Hola, Sierrita. ¡Qué vestido tan bonito llevas!

—Lo estoy estrenando. El tuyo también es muy bonito.

Sus padres salieron a recibirlos. Ahora repetirían el ritual de cada visita. Se cambiarían el calzado, se asearían un poco y tomarían café con roscos y magdalenas recién hechas. Se preguntarían por la salud y se intercambiarían piropos. Los que saldrían mejor parados serían los niños, cada año más guapos y más altos. Después irían a visitar a otros amigos y parientes con un agregado familiar más.

—¿Has preparado la ropa? —le preguntó Sierrita.

—Sí, ya lo tengo todo listo. ¿A qué hora nos iremos?

—A medianoche, cuando salga de la parroquia la procesión del Silencio.

—¿Tan tarde? —preguntó pasmada—. El año pasado nos fuimos antes.

—Sí, es verdad. Pero las cosas han cambiado.

—¿Qué ha cambiado? Las procesiones son las mismas y tus padres nunca han visto la del Silencio.

—Es que tenemos novedad —dijo Sierrita con cara de pilla—. Mi hermana tiene un pretendiente, que pronto será su novio y tienen que hablarse.

—¿Y no se pueden hablar otro día?

—No, porque el pretendiente vive en la ciudad y sólo la visita los días de fiesta.

Otro imprevisto. No contaba ella con el pretendiente. Y ahora, ¿qué haría? ¿Verle la cara a su horripilante enemigo? ¿Enfrentarse a él? Porque ya no había escapatoria. Si se marchaban tras la salida de la procesión, serían más de las doce de la noche e irremediablemente se iban a topar con el perverso fantasma. Y para colmo de males, las luces estarían apagadas y todos los flancos descubiertos. Serían un objetivo fácil para el malvado. Le quedaba una opción: fingir un desmayo o un dolor de cabeza o de tripa, y zafarse del compromiso. Pero eso no estaba bien. No quería mentirle a su amiga, ni a sus padres. Eran muy buena gente y no se merecían su traición. Bueno, iría, pero alertaría a la familia de la presencia de tan infame aparición. Porque a ellos también podría hacerles daño y eso no lo podía permitir. Había que estar alerta y preparados para lo peor.

—Sierrita, en el pueblo hay un fantasma.

—¿Un fantasma?

—Sí, un fantasma. ¿Tus padres lo saben? Sale por la cantera a medianoche. Cuando vayamos para tu casa nos lo vamos a encontrar. Ya verás. Díselo. Igual no lo saben.

—No, mis padres no lo saben, pero luego se lo decimos para que cojan palos y nos defiendan. Iremos muchos. Un fantasma solo no podrá contra tanta gente.

—Vale. Yo me llevaré la escopeta de plomillos de mi hermano y se la daré a tu padre para que lo mate.

Quedaban aún muchas horas de asueto y diversión. ¿Para qué pensar en el futuro? Sus planes inmediatos eran otros. Se compraría unos camarones, un trocito de coco y tiraría a las cañas de azúcar con aquellas mugrientas monedas de bronce viejo. Casi siempre conseguía clavar una en la ranura de la caña, y cuando lo conseguía, los mayores la vitoreaban. Además, le gustaba lucir su caña mientras andaba de acá para allá entre velas, tambores y pisotones. De tarde en tarde preguntaba la hora e iba restando una más a su vida.

Se había encerrado ya el Cristo de la Vera Cruz y faltaba muy poco para que el centro del pueblo se sumiera en la más profunda de las penumbras. La salida del Silencio se vería desde su casa. Así se había decidido. Allí se reuniría el grupo venido de fuera. Rafael era el jefe de la comitiva y había fijado la hora de partida y el lugar de reunión.

Filas y filas de penitentes ataviados con sus capirotes negros y sus túnicas a juego acompañaban con el mayor de los mutismos la cruz de madera, que acababa de aparecer por la puerta trasera de la parroquia. Solo la luz de los cirios prestaba alguna tenue claridad a aquel funerario cortejo. La niña no sabía dónde meterse. La conmocionaba aquel escalofriante desfile. Pensaba que debajo de aquellas túnicas podría esconderse algo aterrador. ¿Y si estuviera el fantasma y saliera de pronto y posase sus esqueléticas manos sobre sus endebles hombros? Cerraba los ojos para no ver nada, pero la imagen de esa escena tremebunda se había grabado en su cabeza y la torturaba.

—Dice mi padre que cojas tu ropa, que nos vamos a marchar.

Abrazó con fuerza a los suyos, como si no los fuese a ver nunca más, y como reo camino del cadalso, se sumó al grupo totalmente abatida. Caminaba con desgana, pero se aseguró la protección. Se agarró fuertemente al brazo de la comadre, adherida a su costado y sin levantar los ojos del suelo. La comitiva iba dispersa. Los chicos, todos juntos charlando y jugando. Los hombres, comentando las novedades y las mujeres, en animada conversación. Hasta Sierrita se reía. ¿Ya se le había olvidado el horrible destino que las aguardaba en la cantera?

La mortecina luz de las linternas, lejos de sosegar su espíritu, aumentaba más su congoja. Miró de soslayo y contempló la cantera en tinieblas. Entre las aristas rocosas le pareció ver que asomaba una sábana fluorescente con figura humana que extendía sus brazos hacia ella, para llevársela a las grutas más espeluznantes de los lugares más tétricos del mundo. No pudo controlarse más. Su entereza se volatilizó y también su timidez. Y empezó a llorar a moco tendido y de forma desconsolada. Rafael la cogió en sus brazos.

—¿Qué le pasa a esta muñequita?

—Tengo miedo. Hay un fantasma en la cantera y va a matarnos a todos —dijo la niña con voz entrecortada.

La muchachada rio. Se reían de ella. Lo sabía. Pero si los mataban, se les iban a quitar las ganas de reír.

—No llores, bonita. A ti nadie va a hacerte daño. Yo te defenderé. Somos muchos y los fantasmas son muy cobardes. Si se le ocurre aparecer, le quitamos hasta la sábana y dejaremos al descubierto sus vergüenzas.

—¿Y si se va volando? Vosotros no podéis volar.

—Lo agarraremos bien y no levantará el vuelo. Te lo aseguro. Somos un ejército. No podrá con nosotros.

La niña lo miraba con admiración mientras el compadre seguía hablándole.

—¿Has oído alguna vez ladrar a los perros?

—Sí, sí. Mi Pocholo me ladra siempre.

—¿Y por qué crees que ladra?

—Para asustarme, morderme y matarme —aseveró gimiendo.

—No, no. No es por eso. Los perros no ladran para asustar. Ladran porque son ellos los que sienten miedo. A los fantasmas fantasmones de este pueblo les pasa lo mismo que a los perros. Debajo de la sábana esconden una debilidad y temen que alguien la descubra, por eso tratan de amedrentar a las personas con su sábana, sus alaridos y sus misteriosas luces. Pero, en realidad, son ellos los que tienen miedo. Las apariencias engañan, chiquita, y estas extrañas apariciones aún más. Algún día lo comprenderás.

—Pero a mí me asustan…

—Mientras estés conmigo, no tienes nada que temer. Le quitaremos la sábana y lo haremos correr hasta que se pierda en el infinito y más allá.

La niña sonrió, le dio un beso en la mejilla y se abrazó al cuello de aquel hombre valiente, rechoncho y bueno, que se había convertido en su salvador. Lo que la niña ignoraba es que el fantasma tenía nombre y apellidos. Y mujer. Y cuatro hijos. Y tres amantes. Y una cartera prodigiosa de donde salía el dinero para la manutención de varios huérfanos en aquellos años de pobreza. Lo que la niña ignoraba es que el ciudadano ejemplar de misa y comunión diaria era como el don Guido machadiano, un fantoche calavera que, temeroso de que su vida lasciva y pecadora saliera a la luz, cubría su rostro cada vez que visitaba a una de sus queridas. Lo que la niña ignoraba es que ese cacique meapilas pagaba la carrera sacerdotal de dos jóvenes seminaristas, esperando que algún día ese gesto ayudase a salvar su alma y lo librase de arder en las calderas de Pedro Botero. Todo el pueblo lo sabía, salvo la niña, que lo ignoraba todo.

Pero algún día esa niña se haría mujer. Se daría de bruces contra el mundo y llegaría a descubrir que el miedo es la herramienta más eficaz que los poderosos emplean para controlar al pueblo, para dirigir su atención al dedo, mientras ellos le roban la luna. Y ese día el miedo sí sería auténtico terror y estaría justificado. Y tal vez entonces faltaran valientes como Rafael, dispuestos a enfrentarse a la cruda realidad y a defender heroicamente a los indefensos.

QUERIDA ALICIA

Querida Alicia:

Tu carta me ha alegrado sobremanera y no tanto por inesperada, porque lo ha sido y bastante, no puedo negártelo —negarlo sería negar la evidencia—, sino por la noticia que me das y el consejo que me pides. ¡Quién iba a imaginarse que tú, Alicia, precisamente tú, ibas a llegar a ser maestra! Tú, que tanto odiabas a los profesores, que tanto renegabas de las clases y de las horas perdidas que pasabas en ellas, que tan reacia eras a recibir conocimientos, tan escéptica con todo, tan rebelde, tan ineducada, tan díscola en suma. Y quién iba a pensar que te ibas a acordar de mí, para que te aconsejara en este momento tan decisivo, fundamental y crucial de tu vida, cuando estás a punto de iniciarte en una tarea tan ingrata y al mismo tiempo tan apasionante como es la docencia.

Tengo que confesarte que, si en los primeros meses de clase me hubieses dicho que tu profesión futura iba a ser la de docente, no me habría reído por respeto hacia tu persona, pero no me lo hubiese creído. Te lo digo sinceramente: no habría apostado por ti nada, y no hubiese apostado nada no porque te creyera incapaz de ejercer esta tarea o cualquier otra que te hubieras propuesto, sino simple y llanamente porque en aquellos días tu actitud era tan negativa con todo y ante todo, tan cerrada al aprendizaje, tan hostil con los profesores, con el centro y con lo relativo a tu formación, que no confiaba siquiera que durases con nosotros más de un trimestre, y eso echándole largo.

Por esta razón, cuando los días pasaban y no nos abandonabas, empecé a darme cuenta de que algo se movía en tu interior que paulatinamente iba modificando tu conducta; era un algo invisible, pero que estaba haciendo cambiar tus esquemas y a la par, sí, a la par, he de reconocerlo, tiraba los míos por tierra. Porque, Alicia, como tú bien sabes y creo que recordarás, cuando tu grupo llegó al instituto, yo de profesora novata tenía bien poco; todo lo contrario, cargaba ya a mis espaldas varios años de experiencia. Había conocido a muchas otras Alicias y a otros muchos «Alicios». Había vivido todo tipo de lances dentro y fuera de las aulas. Había sobrevivido a algún que otro cambio de sistema educativo y de administraciones de diferente ideología y de distinto talante. Estaba muy baqueteada y, por ende, muy segura de mí misma. La tarima y el encerado eran en ese momento mi escenario natural (alguna que otra vez comentaba en tono jocoso con los compañeros que me faltaban las pantuflas y la bata de boatiné para sentirme como en casa); en ellos me había movido y desenvuelto cursos y cursos, y había salido airosa de todos los embates y envites que me habían golpeado de frente o rozado o salpicado a lo largo de mi recorrido por un buen puñado de institutos de diversa índole y de distintas zonas de Andalucía. Y como comprenderás, a esa altura de mi vida profesional pensaba, con la convicción propia de la veteranía, que ya lo había visto todo, que los cursos y los alumnos que cada año se iban incorporando eran un *déjà vu*[26], algo así como el eterno

---

26   Expresión francesa que significa «ya visto», aunque sea algo novedoso.

retorno nietzscheano. Estaba convencida de que era imposible que algo me sorprendiera y de que para mí, como docente, no habría ya imprevistos. *«Nihil novum sub sole»*[27], como dijo el sabio; en definitiva, que todo estaba «chupao».

Pero una vez más he de admitir que me equivocaba. Y me equivocaba, Alicia, porque la vida fuera y dentro de nuestra profesión nunca deja de sorprendernos —ya tendrás ocasión de comprobarlo—, y eso es lo que la hace maravillosa y, al mismo tiempo, tan fascinante y también tan ardua. Así es nuestra profesión, fascinante y ardua. Sí, la nuestra, la que tú empiezas ahora. Y eso es porque trabajamos con seres vivos en proceso de desarrollo y en edades problemáticas. Y esa vida que bulle en ellos acaba atrapándonos en su positividad y negatividad. Cuando creemos que tenemos controlada la situación, surge algo inesperado que nos obliga a un replanteamiento.

Siempre hay hechos que escapan de nuestro control, pues las personas somos imprevisibles. Sí, cierto es que desarrollamos curso tras curso una tarea repetitiva, sisifeana[28], y esto puede llevarnos a pensar que todo está controlado. Sin embargo, cuando ya hemos terminado con el período escolar y conseguimos, con mucho o poco éxito, poner al grupo en la punta, comenzamos en la temporada siguiente a realizar igual labor con otro grupo de alumnos con las mismas edades de los ya reconducidos. Y es este iterativo cometido el que a veces, Alicia, nos aboca a la monotonía, y la

---

27   Frase latina de La Vulgata, que significa «nada nuevo bajo el sol».
28   Término acuñado por Unamuno, procedente de Sísifo, mito griego en el que este personaje fue condenado por los dioses a subir continuamente una piedra a una montaña, y que don Miguel aplicaba a la tarea de profesor.

monotonía es el mayor monstruo que puede devorar al docente. Vencerla ha de ser uno de tus objetivos. Por eso, cuando notes que el aburrimiento te domina y que no hay resortes externos que te hagan superarlo, busca siempre otra fórmula que te convenza y te llene. Si tú estás contenta con tu trabajo y disfrutas con él, les transmitirás a tus alumnos ese sentimiento, que os llevará no solo a hacer más agradable la tarea educativa, sino también, y al mismo tiempo, a hacerla más fructífera.

Te decía antes que tú, Alicia, tú y aquel grupo de la ESA[29] tan heterogéneo, complejo e indisciplinado, al que pertenecías, arrasasteis mis esquemas, me descolocasteis. Con toda la franqueza del mundo tengo que admitir que, desde el primer día en que entré en vuestra clase, supe que lo iba a tener muy complicado con vosotros, que de nada me iba a servir la estupenda programación de aula que, con tanto esmero e ilusión, había preparado durante mis vacaciones veraniegas, ni mi bagaje de experiencia. Sabía que no iba a funcionar, pero me empeñé en aplicarla por encima de la realidad de la clase y de mi propia intuición que apuntaba al fracaso.

Y me cerré en banda. Anduve días y días perdida entre vosotros con la bisoñez de mis primeros años. Hicisteis que me sintiera como una profesora novel, me retrotrajisteis a mis inicios; incluso volví a recuperar aquel pellizquillo en el estómago y el leve y casi imperceptible temblor de piernas que me acompañaba mis primeros años como enseñante. Me llevasteis a replantearme

---

29   ESA, Educación Secundaria de Adultos.

mi capacidad para la docencia y me forzasteis —¡bendita la hora! — a modificar mis planteamientos. Porque, Alicia, con vosotros aprendí —aunque te resulte extraño, los alumnos también nos enseñan— que en nuestra labor lo primordial es favorecer y facilitar el aprendizaje de los alumnos y que para que este proceso se produzca, hay que estar abierto a cualquier cambio sobre la marcha que la realidad del grupo nos exija. Nunca debes empecinarte en aplicar métodos que no te funcionen, porque estarías impidiendo que tu tarea llegue a buen puerto. Hay, por tanto, que estar abierto a cualquier cambio de método y ser flexible con el utilizado. Pero, eso sí, has de estar segura y convencida, y conocer a fondo el procedimiento que elijas y la finalidad que persigas con él. No se debe confundir versatilidad con osadía.

Pues bien, Alicia, cuando vencí mi resistencia al cambio y encontré la forma de comunicarme con vosotros y de transmitiros mis pretensiones, la clase empezó a funcionar y vosotros empezasteis a ser más receptivos. Aunque tardío, fue un buen comienzo. Y no es que estuviera todo el terreno allanado. Os seguíais mostrando aún reacios a cualquier novedad que os planteara, a toda actividad que os supusiera un cambio en vuestros tempranos hábitos, pero ya se podía hablar con vosotros, ya había comunicación y captabais bien el mensaje. Habíais aprendido a escuchar y estabais aprendiendo a exponer vuestras ideas, vuestras opiniones, vuestros gustos. A defenderlas y a rebatir la del contrario: os estabais socializando. Y hay que ver, Alicia, lo que costó, porque llegasteis totalmente incivilizados. Las formas no eran lo vuestro. Por eso, el día en que por vez primera llamaste a la puerta y pediste permiso para entrar en clase y diste las gracias fue el día de la revelación. Supe que el camino se estaba despejando, que estabais empezando a comprender que el aprendizaje conlleva una actitud de respeto al profesor, al compañero y al grupo en definitiva.

Sí, Alicia, me consta y te consta que, para llegar a este punto, hubo muchas reprimendas previas, muchos sinsabores, mucha oposición por tu parte a aceptar que tu forma de actuar y de desenvolverte no era la adecuada, mucha conversación contigo y con el resto de la clase. Pero fue posible el milagro, porque se pudo encontrar la forma de llegarte y de llegaros —¡y ¡mira que fue difícil, porque tú no lo ponías nada fácil!—. Pero la comunicación todo lo puede —ya sabes, hablando se entiende la gente—, y tú entendiste el mensaje y tus compañeros también.

Por esta razón, has de tener presente en tu futuro que la comunicación con tus alumnos tiene que ser un objetivo primordial. Ante cualquier desencuentro habla siempre con el afectado, hazle entender lo que ocurre. Pero hazlo a solas, nunca delante de los compañeros, ya que en la adolescencia somos muy inseguros e imprevisibles y nunca se sabe por dónde vamos a salir. Los consejos y reconvenciones que se aceptan individualmente con gran madurez y humildad se rechazan si hay público delante. Es un elemento connatural al adolescente: siempre ha sido así y siempre lo será, tenlo presente. No les permitas jamás un insulto, pero habla con ellos si este hecho se produce. Arregla los problemas que surjan en tu aula dialogando. No hagas dejación de tu responsabilidad. Mejor que tú nadie conoce a tus alumnos. Ten siempre presente que están en nuestras manos y necesitan de nuestros consejos y nuestra orientación. Hay que reconvenirlos si transgreden las normas, pero hazlo siempre desde el respeto.

Pero sigamos con vosotros, con aquella díscola clase de 2º ESA en el nocturno. Yo os iba notando día a día la transformación. Veía cómo cambiaba el rictus de vuestra cara cada vez que entraba a clase. Os agradaba mi presencia. Ya no mostrabais rechazo. Parecía que os estaba transmitiendo mi bienestar. Me sentía cómoda y vosotros conmigo. Y no es porque ya no os recriminara; lo hacía siempre ante cualquier inconveniencia o salida de tono que considerara improcedente, pero ya erais receptivos, porque habíais entendido bien que vuestra formación dependía de vuestro comportamiento y que este debía cimentarse en el respeto a los demás y a vosotros mismos.

Aún hoy me emociono cuando me acuerdo de todas las variadas actividades que pudimos realizar, actividades que fueron posibles gracias a vuestra colaboración. Y se cometían errores, pero ni os avergonzabais de ellos, ni os reíais de los compañeros ni repelíais la corrección. ¿Recuerdas la primera vez que escribisteis un poema? Os noté a todos tan satisfechos con vuestra obra… Cierto es que alguno de estos poemas no se salvaba de un objetivo análisis estilístico, pero todos eran para mí auténticas obras de arte, porque, con mayor o menor acierto, con mejores o peores cualidades para la poesía, os habíais esforzado e intentado plasmar en ellos lo mejor de vosotros mismos. Estabais aprendiendo a aprender y yo, que os enseñaba, coaprendía con vosotros. Y no quiero que dejes de pensar en la importancia de aprender también de tus alumnos y, sobre todo, disfrutar con ellos en su aprendizaje. Que aquella máxima de los clásicos, «enseñar deleitando», la amplíes y aprendas tú también disfrutando. Cuando se enseña y se aprende disfrutando con lo que se hace, el docente acaba convirtiéndose en educador, consejero y amigo para sus alumnos. Este es el mejor pago y la mayor satisfacción que puedes alcanzar si amas tu trabajo. Enséñales siempre desde la verdad, desde la honestidad, con la mayor honradez posible.

Empecé mi carta hablando de tu carácter díscolo y alocado, tanto que estuve a punto de tirar la toalla contigo, de darte por perdida. No sabes lo que me congratula hoy no haberlo hecho, porque puede ser que mi empeño por recuperarte haya contribuido en algo a la orientación y consecución de tu futuro. Este futuro con el que te veo tan entusiasmada y esperanzada. Si contribuí a que fuera posible, mis años de profesión se sienten más que recompensados. Por eso, Alicia, quiero que tengas presente que, a pesar de los escollos que muchos alumnos te pongan, nunca caigas en la tentación de aborrecerlos o, simplemente, ignorarlos. Busca siempre en ellos, como decía Salinas[30], «su mejor tú», esa ranura por donde entrarles, ese aspecto extraordinario que todos los seres humanos tenemos y que no siempre sabemos mostrar. Trata de hacerlo. Pon en marcha ese resorte. Te sentirás recompensada.

Contigo, Alicia, y con vuestro curso, una vez vencidas las dificultades, llegué a mantener una relación excelente, mucho más por inesperada. No me atrevo a definirla como de camaradería.

---

30   De un poema de Pedro Salinas de la Generación del 27.

Nunca llegamos a ser ni camaradas ni coleguis. Sin embargo, nos teníamos cariño y nos respetábamos. Esa fue la base sólida de nuestra relación.

Respeta siempre a tus alumnos y serás respetada, no lo olvides. Trátalos con afecto, con cariño y te lo devolverán. La buena relación con ellos no lleva implícito el colegueo. No somos iguales; estamos en niveles diferentes por edad, por el tipo de responsabilidad, por formación. Los alumnos dependen de nosotros para su aprendizaje, para su educación, para su proceso de maduración. El afecto que les tengas no está reñido con la exigencia ni con la autoridad. Y nunca olvides que nos convertimos en sus jueces cuando los calificamos, cuando los corregimos. Y hay que explicarles el porqué de esa valoración, el criterio con el que se hace y no cerrarles jamás la puerta de la rectificación y la recuperación. Evita ponerles etiquetas, no los marques.

Te decía antes que fueras honrada con ellos, pero sé también coherente. Los adolescentes, si hay algo que detestan, son las contradicciones. No puedes decirles hoy blanco y mañana negro sobre el mismo asunto. Ellos entenderán que te equivoques y rectifiques, mas nunca aceptarán un modo de actuar arbitrario y ambiguo.

Que tu metodología incida tanto en los conocimientos teóricos como en las experiencias vividas en el mundo real. No te ofusques con el programa, Alicia. El alumno se motiva mejor cuando los conocimientos se le imparten a partir de su propia realidad y sus propias experiencias.

Y voy acabando ya, pues no era mi intención, al empezar esta carta, escribir otro Quijote. A partir de septiembre, te estrenarás en esta tarea. Sé que serás capaz de salvar cualquier obstáculo con el que choques, porque has demostrado saber lo que quieres. Tienes ganas y mucha vocación. Espero y deseo que todo te salga conforme a tus expectativas, que no caigas jamás en la monotonía, que encuentres en todos tus alumnos «un discípulo predilecto», «un verdadero discípulo»[31], y que tus días en la docencia te proporcionen tantas satisfacciones como las que tú y tu grupo acabasteis dándome.

Si necesitas algo más de mí, por aquí me sigues teniendo.

Un beso.

Tu exprofe Milagros.

---

31   Del poema 'Brindis' de Gerardo Diego de la Generación del 27.

Índice

Sobre la autora

Milagros Jiménez Hidalgo (Luque, Córdoba), antequerana de adopción, posee una sólida formación académica y literaria (licenciada en Filología Románica por la Universidad de Granada) y una larga experiencia docente en Educación Secundaria. Conoce, por tanto, a los autores clásicos y modernos y los recursos técnicos y literarios que sustentan sus creaciones.

Ha promovido y dirigido la revista *Licántropo,* en la que ha publicado artículos y poemas. Ha formado parte del volumen colectivo *Cartas ejemplares* (2009). En 2013, vio la luz su primer libro de poemas y relatos, *Luque: reflejos del ayer,* que tuvo una magnífica recepción. En 2018, publicó el poemario *Sendas de luz y de sombra,* y ha colaborado en el libro *50 años del I.E.S Camilo José Cela de Campillos.* En 2020 publicó el libro de poemas *Sonetos a destiempo y cantares al uso.* Pero, además, ha calado en la médula de la copla andaluza y, desde su blog *Entretenerse por el camino,* ha ido dejándonos, como el que no quiere, sus sonetos, romances y demás poemas y, en ellos, sus sensaciones de los acontecimientos que le han dejado huella en su vida y en su modo de ver y concebir el mundo.